タックス・ヘイブン

——逃げていく税金

志賀 櫻
Sakura Shiga

岩波新書
14

目次

序章　市民はこの実態を知らなくてよいのか……1
第1章　タックス・ヘイブンとは何か……17
1　どこにあるのか？　なぜあるのか？　18
2　タックス・ヘイブン・リスト　29
3　オフショア・センター　44
4　タックス・ヘイブンの利用法　52
第2章　逃げる富裕層……61
1　節税・租税回避・脱税　62
2　タックス・ヘイブン事件簿　その一　65
3　やせ細る中間層　75
第3章　逃がす企業……85
1　国境を越えた租税回避の問題　86

目　次

2　タックス・ヘイブン事件簿　その二　90
3　タックス・ヘイブン対策税制　100
4　移転価格税制　109
5　税金争奪戦　113

第4章　黒い資金の洗浄装置……119
1　犯罪資金を追え　120
2　タックス・ヘイブン事件簿　その三　129
3　テロ資金とのかかわり　140

第5章　連続して襲来する金融危機……147
1　マネーの脅威　148
2　繰り返す金融危機　158
3　危機の連鎖とリスク　170
4　タックス・ヘイブンの害悪　176

第6章　対抗策の模索……189
1　仕組みに潜む課題　190
2　タックス・ヘイブン退治　194
3　ヘッジ・ファンド退治　199
4　グローバル・プルーデンシャル・レギュレーション　205
5　新しい税のあり方　212
終章　税金は誰のためのものか……223
あとがき　227

地図・図版製作　鳥元真生

序章　市民はこの実態を知らなくてよいのか

日本の税制は公平か

最初に、この図序-1を見てほしい。これは日本の納税者の税負担率を所得金額別に表したグラフである。このグラフは、日本の所得税制度には見過ごすことのできない不公平があることを示している。見るとわかるように、日本の所得税負担率は、所得総額が一億円を超えると低下していくのである。

これはどういうことであろうか。日本の所得税制は累進課税を採用している。ならば、このグラフは、所得額の増加にともない右肩上がりになるはずである。ところが、実際にはそうではない。一億円の二八・三％をピークにした山型のグラフになっているのである。これは、所得金額が一億円を超えると、日本の所得税は「逆進的」なものに変わることを示している。一〇〇億円にいたっては一三・五％にまで下がる。

年間の所得金額が一〇〇億円とは、普通の市民の感覚からすれば、およそ想像を絶する額である。しかし、現実にそういう高額所得者が日本にも存在する。多くは株式の売却による所得だが、現在の日本の税制によれば、そうした所得に対しては特別措置が適用される。グラフの

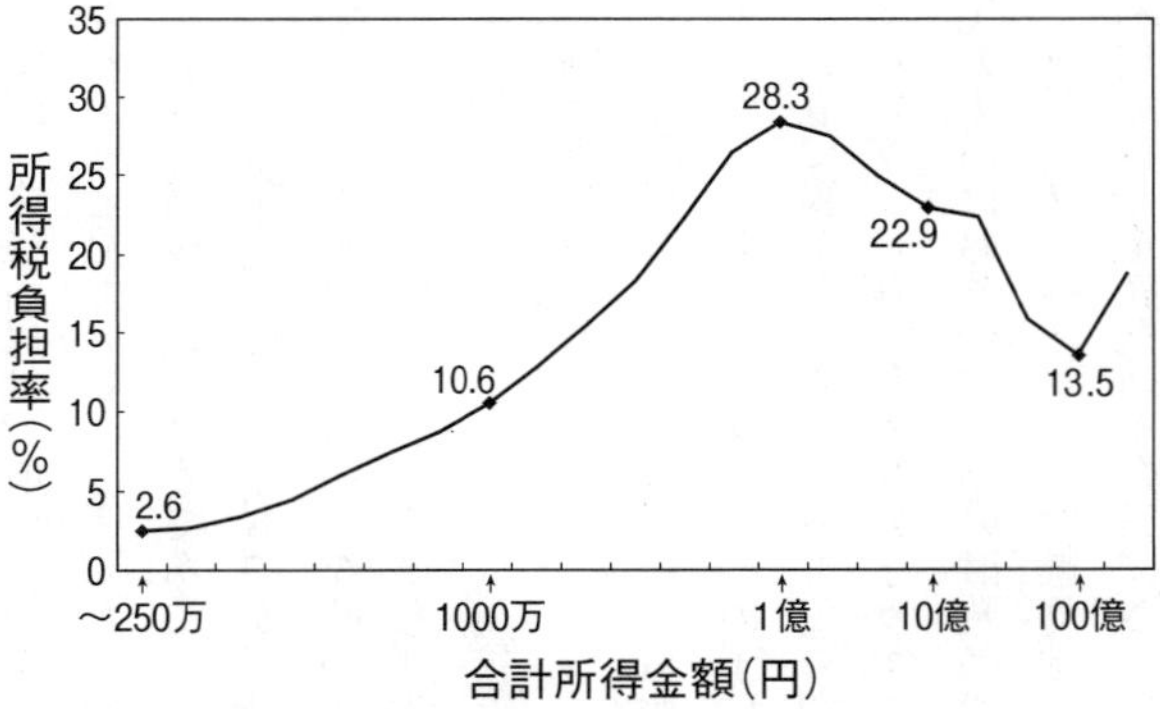

図序-1　申告納税者の所得税負担率(平成 22 年度)
所得額が1億円を超えると所得税負担率は急激に下がっていく．このグラフには表れていないが，租税回避と脱税の実態までを考慮すると，負担率の低下は実質的にもっと著しいものになると考えられる．出典：平成 22 年 10 月 21 日政府税制調査会専門家委員会提出資料

低下は、その効果によるものである。

こうした不公平は国会でしばしば指摘され、税制改正の懸案事項にもなっている。したがって、日本の税制に通じた人ならば既知の事実である。ただし、このグラフに現れていない、隠れた実態まで意識して議論している人は少ない。

図の出典は、政府税制調査会資料であるが、このグラフの表題は「申告納税者の所得税負担率」となっている。つまり、税務署に所得金額を申告したベースでは、こういう負担率になるということである。これは裏を返せば、正しく申告していなければ、こういう負担率はもっと低くなっているということである。

実際、課税当局は、所得金額を実際よりも低く申告して課税を逃れている高額所得者が多数存在すると見ている。そうした高額所得者たちの税負担率は間違いなく、このグラフの示す数字よりも格段に低いはずである。

それは租税回避によるものか、ひどい場合には脱税である。しかし、その実態を正確に把握するのはきわめて難しい。なぜか。そうした租税回避や脱税を助けるさまざまなカラクリが存在するからである。そして、そのカラクリの核心部にあるのが「タックス・ヘイブン」である。

魑魅魍魎の伏魔殿

高額所得者のなかには、なんらかの手段によって所得を日本から海外のタックス・ヘイブンに逃がし、その分の税金を納めずに済ませている者がいる。

正直に税金を納めている市民の知らないところで、タックス・ヘイブンを舞台に所得分配の公平を著しく損なう悪事が行われているのである。その悪事による弊害はめぐりめぐって、市民の生活はおろか、一国の財政基盤をもゆるがし、さらには世界経済を危機に陥れている。

タックス・ヘイブンは魑《ち》魅魍魎《みもうりょう》の跋扈《ばっこ》する伏魔殿である。脱税をはたらく富裕者だけでなく、不正を行う金融機関や企業、さらには犯罪組織、テロリスト集団、各国の諜報機関までが群がる。悪名高いヘッジ・ファンドもタックス・ヘイブンを利用して巨額のマネーを動かしている。タックス・ヘイブンについては最近になってようやく、日本でもいくつかの行政事件や刑事事件に発展して、メディアで取り上げられるようになってきた。しかし、実際には、それらの事件は氷山の一角にすぎない。秘密のヴェールに包まれたタックス・ヘイブンの真相を解明し、タックス・ヘイブンのもたらす害悪に警鐘を鳴らすことが本書のテーマであり、メッセージである。

何が行われているのか

タックス・ヘイブンには、次の三つの特徴がある。

①まともな税制がない
②固い秘密保持法制がある
③金融規制やその他の法規制が欠如している

これら三つの特徴はそれぞれ別個独立にあるわけではなく、三つでワンセットと考える必要がある。この三つが束になって、タックス・ヘイブンが悪事の舞台になることを助けているのである。そして、その悪事による弊害がめぐりめぐって、一般市民の生活と経済にのしかかってくるのである。詳しくはつづく各章で事例を挙げながら説明していくことにして、ここでは以下に簡単なスケッチをまとめておくことにしよう。

タックス・ヘイブンを舞台に行われる悪事を分類すれば、次の三つとなる。

- 高額所得者や大企業による脱税・租税回避
- マネー・ロンダリング、テロ資金への関与
- 巨額投機マネーによる世界経済の大規模な破壊

こうしたタックス・ヘイブンを通じた悪事に対抗するのはなかなか難しい。しかし、アイデアはいくつか出されており、すでに実践されていることもある。本書の最後では、それを紹介していく。

高額所得者や大企業による脱税・租税回避

個人も企業も、ある程度の高い収入や利益を得られるようになると、税金対策に取り組みはじめるのが常である。税理士や専門の弁護士を雇ったり、金融機関やコンサルタント会社の勧める節税商品などを利用して、少しでも税負担を減らそうとする。当事者たちはそれを「節税」と主張するであろう。しかし実際には、悪質な脱税行為に加え、脱税とは言わないまでも、

それに近い租税回避行為がごく日常的に行われている。

もちろん、高額所得者や大企業のすべてが脱税や租税回避をはたらいているわけではない。しかし、節税、租税回避、脱税の境界はきわめてあいまいである。所得や利益を海外にあるタックス・ヘイブンに逃して、本来なら国に納めるべき税金を払わないで済ませている高額所得者や大企業は多数存在する。

そのツケを負わされているのが、中所得・低所得の市民である。かつての日本は、分厚い健全な中間層が存在し、それが日本経済の強さの要因と見られていた。ところがいまや、その中間層は長引くデフレで疲弊し、やせ細ってきている。日本社会は現在、富裕層と貧困層とに二極分化しつつある。タックス・ヘイブンを舞台にした悪事は、この傾向に拍車をかける。富める者はますます富み、貧する者はますます貧する。そういう構造が生まれてきている。

国の運営に必要な財政資金は、ある程度の額にのぼる。その資金を国民がそれぞれの応分で拠出し、公的サービスの整備と充実に貢献する。納税が国民の義務とされるのは、そのためである。ところが、タックス・ヘイブンを使った脱税行為・租税回避行為は、その義務を無視、あるいは放棄し、本来ならば国庫に納められるべき税金を、海外のどこかに逃がしてしまう。

一般に、本来納付すべき税金と、実際に納付されている税金との差額を「タックス・ギャップ」という。アメリカの内国歳入庁(IRS)は、二〇〇一年のタックス・ギャップを三四五〇億ドルと推計して、このうち二九〇〇億ドルが徴収できなかったと議会に報告している。日本でも国外へ逃げていった税金は莫大な額にのぼると考えられる。しかし、驚くべきことに、日本の課税当局はタックス・ギャップの額を推計しようとさえしていない。

マネー・ロンダリング

犯罪の収益を「洗浄《ロンダリング》」して、きれいな金に見せかける悪事をマネー・ロンダリングという。麻薬の密売やその他の犯罪によって得られた収益は、そのまま手元にあると、はなはだ始末に困るものである。そもそも大金というものは、ただそこにあるだけでも税務署などに出どころを追及されるし、何かに使えば使ったで、また資金の出どころを追及されることになる。そこで、出どころを追及されないように、きれいな説明のつくマネーとして表に出せるような工作をする。

マネー・ロンダリングは、ほぼ必ず、タックス・ヘイブンを舞台に行われる。それには当然の理由がある。さきほど挙げた特徴の②、タックス・ヘイブンでは情報の秘密が厳格に守られるからである。

たとえば、資金をタックス・ヘイブンに送金して、これをただちにどこかの国の口座に転送してしまえば、日本の課税当局も司法当局も追跡するすべはきわめて限られてくる。そもそもタックス・ヘイブンの当局そのものが関心を示しておらず、見ざる言わざる聞かざるを決め込んでいるから、情報を把握しているかどうかもはなはだ怪しい。仮に情報を把握していたとしても、他国に情報を開示するなど自国の利益に反することを行う気になるわけがない。

テロ資金への関与

タックス・ヘイブンのもうひとつの重要な問題は、テロ資金の移動と隠匿の場になっていることである。アル・カイーダのテロが大規模かつ強力だったのは、その豊富な資金力が背景にあったからである。その資金源と密接に関わっているのがタックス・ヘイブンなのである。

たとえば、オサマ・ビン・ラディンの資金を中近東のどこかからアメリカに送らなければならなくなったとしよう。まさかテロ資金をドバイのエミレイツNBDからニューヨークのJPモルガン・チェイスに送金するわけにはいかない。中近東から、リヒテンシュタインのプライベート・バンクを経由して、カリブ海のブリティッシュ・バージン・アイランド(BVI)などのタックス・ヘイブンにある銀行をぐるぐると回して、最後はスピード・ボートでマイアミにキャッシュを陸揚げするということになるだろうか。そこには当然、潜入捜査官もいるし、本土への陸揚げは銃撃戦覚悟の命がけの作業になる。

巨額投機マネーによる世界経済の大規模な破壊

ファイナンス理論によって新しい金融技術が急速に発展し、一九九〇年代以降、今までにはなかった新しい金融商品が次々と開発されるようになった。デリバティブはその典型である。そうした金融商品を駆使したマネー・ゲームによって引き起こされた金融危機の実例を挙げれば、この二〇年だけでも切りがない。くわしくは第5章で述べるが、当面ここでの問題は、金融商品の組成のプロセスのどこかで、必ずタックス・ヘイブンが用いられていることである。しかも、マネー・ゲームのどこかでは、やはり必ずタックス・ヘイブンにある事業体を通過しているから、資金ルートの全容が見えないようになっている。

金融取引でタックス・ヘイブンが重宝されるのは、規制が著しく緩やかであるか、または実際には規制がないに等しいからである。金融機関がリスクをとり過ぎて破綻しないように規制をかけることを「プルーデンシャル・レギュレーション」という。タックス・ヘイブンを経由することによって、このようなプルーデンシャル・レギュレーションを免れることが可能になる。言い換えれば、規制の網を逃れて、ハイ・リターンを望める危険な取引が可能になるのである。

国による規制は、国境を越えて執行できないのが原則である。これを国際法の世界では、「公法は水際で止まる(Public law stops at the water's edge)」という法諺《ほうげん》で表現する。ところが、経済はいまやグローバル化し、ボーダーレス・エコノミーとなっている。そして、国外にはタックス・ヘイブンが口を開けて待っているというわけである。そうすると、国境の壁に阻まれて規制は空振りに終わることになる。そして当局は切歯《せっし》扼腕《やくわん》するが、打つ手がない。

このようなマネー・ゲームの行き着く先は、決まって大規模な金融危機である。そして、破綻した金融機関や企業の救済のために、市民の納めた税金が使われる。一部の投機筋が引き起こしたマネー・ゲームの尻ぬぐいのために、市民が汗水流して働いて得たお金が、湯水のごとく使われていくのである。

困難な実態解明

これまでにタックス・ヘイブンの問題点が指摘されなかったわけではない。9・11の衝撃は、タックス・ヘイブンに対するアメリカの態度を大きく変化させた。以降、先進諸国のマネー・ロンダリングの取締まりが大幅に強化された。二〇〇八年に創設されたG20首脳会議では、リーマン・ショックで果たしたタックス・ヘイブンの役割に注目が集まり、タックス・ヘイブンを取り締まる動きが活発化している。

ただし、相手は手強い。タックス・ヘイブンそのものについては、これまでにいくつかの書籍や論文がさまざまな角度から切り込んできた。しかし、タックス・ヘイブンの秘密のヴェールに阻まれて、具体的なデータをもとに、その実像を明らかにすることまではできていない。いろいろな断片的情報をかき集めては、ジグソー・パズルを解くような地道な作業を続けていくほかはないのが現状である。

タックス・ヘイブンの真の問題は、タックス・ヘイブンの存在そのものであるだけでなく、そのタックス・ヘイブンを舞台に行われている悪事、そして、その悪事によって不必要な金融危機が世界的規模で繰り返し引き起こされていることである。現在、国際機関や専門家のグループが、日々この問題に取り組んでいるが、各国の諜報機関さえ見え隠れするこの問題では、国際機関といえども実態を把握するのは難しい。

世界の金融取引に深く根を張るタックス・ヘイブンの存在は、国益にも直結する重大問題である。国際機関の内部では、実態解明を妨害されることすらある。たとえば、ある旧宗主国は、傘下にある旧植民地のタックス・ヘイブンを保護しようと、さまざまな手段に訴え、妨害行為を加えてくる。しかも、そのような旧宗主国そのものが、先進国でありながらタックス・ヘイブンであったりする。魑魅魍魎の跋扈するタックス・ヘイブンは、踏んではならない虎の尾であったりする場合があるのである。

体験的タックス・ヘイブン論

筆者はいくつかの国際機関ないし国際フォーラムにおいて、エンフォースメント(法執行機関)のサイドから、タックス・ヘイブンの問題に取り組んだ経験をもつ。この直接体験を述べていけば、これまでに出版された書籍や論文とは違う、現場からの視角を読者に提供できるかも知れないと考えている。

タックス・ヘイブンの問題に税制の面から取り組んできているのは、OECD(経済協力開発機構)の租税委員会である。筆者は、旧大蔵省主税局の国際租税課長として、その委員会のメンバーとなり、また、タックス・ヘイブン対策税制の創設や改正にたずさわった。OECD租税委員会の成果のうちで重要なのは「有害な税の競争」報告書である。この報告書は、一九九八年に公表されて、その後も引き続き、いくつものプログレス・レポートが出されている。その一連の報告書が大きな役割を果たして、二〇〇九年四月には、後述するグローバル・フォーラムによるタックス・ヘイブン・ブラックリストの作成につながった。

マネー・ロンダリングの問題と取り組む、FATF(ファイナンシャル・アクション・タスク・フォース)という国際機関がある。筆者は一九九八年、金融監督庁(現金融庁)創設当時に、同庁に置かれた特定金融情報管理官という職の初代であった。これは日本のマネー・ロンダリング対策のヘッドにあたるポストである。この対策室長という資格によって、筆者はFATFのメンバーでもあった。

FATFのメンバー国の中には「エグモント・グループ」という特別のグループがある。これは、国家行政組織のうちにFIU(ファイナンシャル・インテリジェンス・ユニット)という組織をもつ国だけが加入を許されるグループである。FIUとは、マネー・ロンダリング関係のあらゆる情報が単一組織に集中する仕組みをとる組織である。日本では二〇〇〇年に、いわゆる組織暴力対策三法が成立してFIUが正式にでき、エグモント・グループのメンバーとなった。日本のマネー・ロンダリング対策室は、橋本龍太郎総理の指示で発足当時は金融監督庁に置かれたが、現在は警察庁に移管されている。

また、金融安定化フォーラム(FSF。ファイナンシャル・スタビリティ・フォーラム)という組織がある。一九九八年、アジア通貨危機のさなかに日本の金融危機が発生して、世界中が破滅の深淵を覗いているかのような時期に、急きょ設立された国際機関である。各国の財務省、金融監督庁、中央銀行からそれぞれ一人ずつ派遣して、グローバルな金融問題について協議を重ねるフォーラムである。バーゼルにある国際決済銀行(BIS)が事務局を務める。FSFは、二〇〇九年のG20ロンドン・サミットによってFSB(ファイナンシャル・スタビリティ・ボード)に格上げされた。これにより、金融規制の国際機関も加わった大規模組織となり、国際金融システムをモニターし、提言する権限をもつ拡充された組織となっている。

FSF(現FSB)の発足当時、筆者は金融監督庁の国際担当参事官として、日本国メンバーの一人となった。FSFは発足後、ただちにいくつかの作業部会を立ち上げたが、そのひとつにオフショア金融センター問題を担当する部会があった。その時点ですでに、タックス・ヘイブンの問題は金融危機問題と関連するものとして深刻に受け止められていたのである。筆者はその作業部会の担当者となって、二〇〇〇年に公表されたFSFのタックス・ヘイブン報告書の作成にも関わった。

以上のような実経験にもとづき、国際機関の舞台裏からの視角も交えながら、タックス・ヘイブンをめぐる実情を明らかにしていこうというのが本書の意図である。

第1章　タックス・ヘイブンとは何か

1　どこにあるのか？　なぜあるのか？

どこにあるのか？

はじめに、図1-1を見てほしい。これは、世界に分布するタックス・ヘイブンを示した地図である。タックス・ヘイブンとは一般に、「税金がない国や地域」、あるいは「税金がほとんどない国や地域」をさす。ヘイブン(haven)とはもともと「避難港」という意味の英語である。税金から逃れたいと思う者からすれば、そこへ行けば課税という嵐から避難できるので、こういう言葉ができた。

タックス・ヘイブンは多くの場合、国だけでなく、旧植民地や英王室の属領のような地域も含む。具体的には、ケイマン諸島、バハマ、バミューダ、ブリティッシュ・バージン・アイランド(BVI)など、カリブ海にある島のグループがひとつの典型である。

ケイマン諸島という名前は日本でもニュースに出てくるのでよく知られているだろう。企業が何か新しい金融スキームを作ろうとするときにはほぼ必ず、ここに法人を作る。ケイマン法人を通すと、脱税・租税回避、秘密の保持、政府の規制からの潜脱など、国際取引上のいろいろなメリットがあるからである。そこで、ケイマン諸島は日本の直接海外投資の仕向地の第三位となっている。

ただし、日本から投資された資金が、そのままケイマン諸島にとどまるわけではない。この島にあるオフィス・ビルには、それぞれ何千という会社が存在することになっているが、いずれも看板とポスト・ボックスのみの無人の会社(ペーパー・カンパニー)である。つまり、ケイマン諸島はあくまで経由地であって、資金はここからどこか別の投資先に流れて行く仕組みになっている。

ところが最近は、アメリカが目を光らせており、締め付けも厳しい。規制が必ずしも緩くなくなった上に、従来に比べコストがかかるようになったという理由で、以前ほどケイマン諸島は使われなくなってきている。代わりに利用されているのが、ブリティッシュ・バージン・アイランド(ＢＶＩ)である。ＢＶＩは、今のところ表立ってはタックス・ヘイブン批判の矢面に立つことは少ない。しかし、さまざまな後ろ暗いスキームの舞台になっていることは専門家の間では常識である。

これは筆者の経験にもとづく皮膚感触だが、ＢＶＩの背後にはＭＩ６(英国情報部)がいるよ

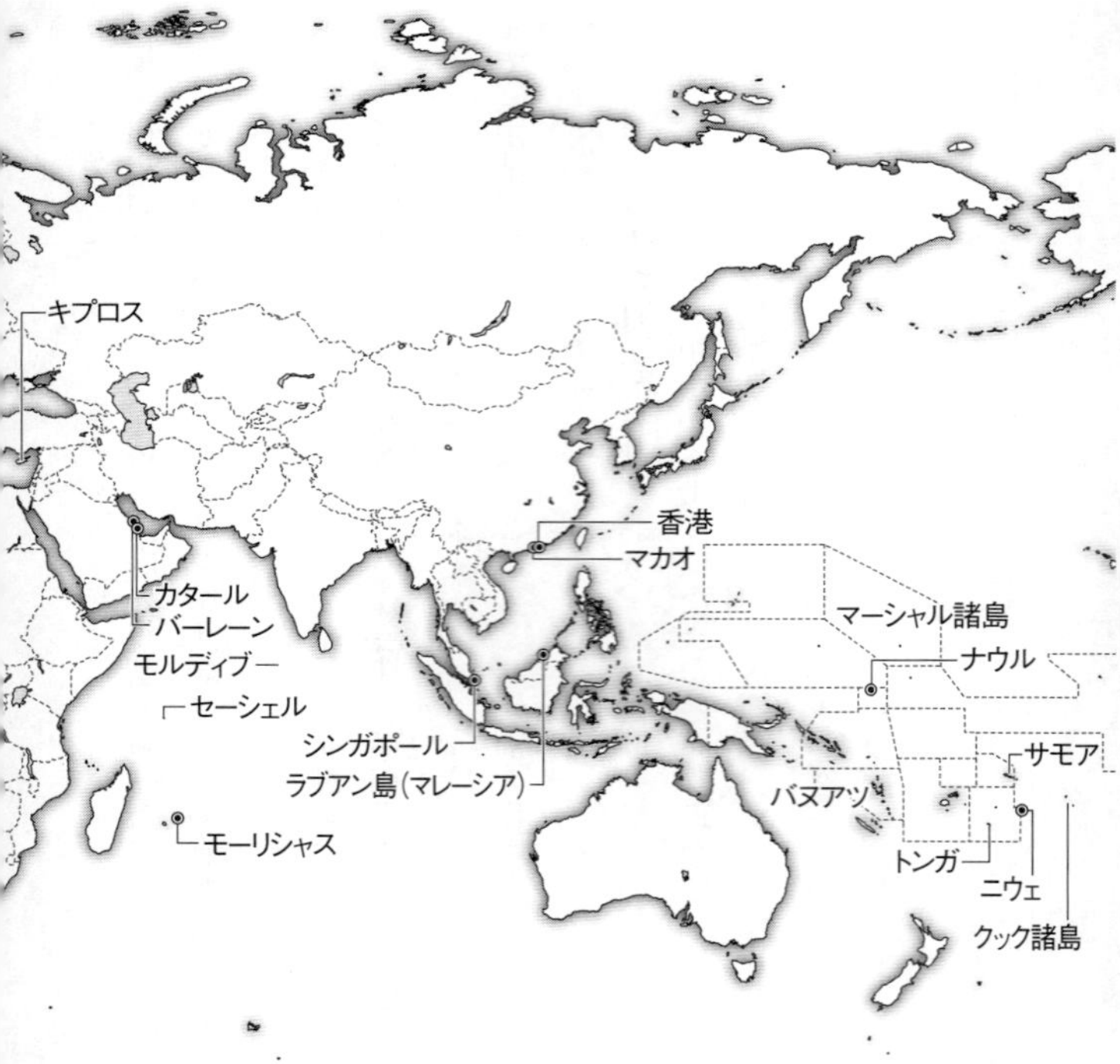
キプロス
香港
マカオ
カタール
バーレーン
マーシャル諸島
ナウル
モルディブ
セーシェル
シンガポール
ラブアン島(マレーシア)
サモア
バヌアツ
モーリシャス
トンガ
ニウエ
クック諸島

2012 年現在)

図 1-1　タックス・ヘイブン関連地図. OECD プログレス・レポートをもとに作成

うに思われる。一九九九年、マネー・ロンダリングを取り締まる国際会議のファイナンシャル・アクション・タスク・フォース(FATF)において、英国大蔵省がBVIを擁護しようとする態度が奇妙であって、どうにも合理的説明がつかないのに、ブラックリストから落とされてしまった。当時、アメリカ政府高官の黒人の友人がいて、さりげなく理由を解説してくれた。彼の言う意味はすぐにはわからなかったが、今では、「ああ、そういう意味だったのか」と思い当たる節がある。

筆者はロンドンに勤務しているときに英国外務省の高官と知り合いになった。ショットガンの雉子撃ちが共通の趣味だった。ところが不思議なことに、その人は外務省の高官であるのに、とくに何かのポストについている様子もなかった。そこで内心、「ひょっとして、スプーク(諜報員)かな?」と思っていた。そのうち、ある朝、自宅でファイナンシャル・タイムズを開いたら驚いた。その彼がMI6の長官に就任したというのである。MI6は通常、職員の身分を明かすことはないが、長官だけは例外である。「やっぱりそうだったか」と思ったのを憶えている。

MI6はかつて、所在地すら明らかにしていなかった。メイフェアの大使館近くのパブで飲んでいるときに、パブから見える不気味に静まりかえった暗い大きな建物がMI6の建物らしいと教えられたこともある。いまは、テムズに面した華麗なセンチュリー・ハウスが本拠である。

このように何事も秘密のヴェールに隠された組織である。その活動の詳細はほとんど知る由もないが、どこの国の政府であっても、予算の中には必ず機密費はある。関係する省庁は、官邸、外務省、財務省、国防省である。機密費を使って工作資金を動かさなければならない。その時に資金の出所が明らかになってよいわけがない。タックス・ヘイブンのうちの使い勝手のよいところを経由させるのであろう。

王室属領

タックス・ヘイブンのもうひとつの有名なグループは、ブリテン島近辺にあるジャージー、ガーンジー、マン島の王室属領である。一〇六六年のノルマン・コンクェストの時点で、ノルマンディー公の私有地であったものが、今に至るまで女王陛下の私有の属領として残されている。その女王陛下のお膝元が、いまやタックス・ヘイブンの典型となっている。

筆者が最高裁に鑑定意見書を提出したガーンジーを舞台にした損保会社のタックス・ヘイブン事件では、最高裁で納税者の逆転勝訴判決が出された。国側も下級審も一貫してガーンジーは連合王国属領であると述べているが、それはまったくの誤りで、ガーンジーは王室属領である。英国政府作成資料にそのように書いてあって、それが証拠として提出されているのに、原告の納税者側も被告の国側も裁判所も誰も証拠を読んでいなかったというわけである。

一方、アジアに目を向けると、これもまた英国にからんでいるが、旧植民地の香港、シンガポール、マレーシアのラブアン島などがタックス・ヘイブンである。香港は、メインランド・チャイナの世界に向けての出島として特別の地位を占めている。シンガポールは、資源のない小さな島国として(飲料水さえ隣国マレーシアからパイプラインで供給されている)、中継貿易や金融センターとして必死の生き残りをかけて知謀の限りを尽くしている。

シティ、ウォール・ストリート、欧州諸国

タックス・ヘイブンの問題はG20首脳会議でも議論され、先進国を中心に、これを退治するための様々なアクションが進行中である。しかし、タックス・ヘイブン退治の先鋒に立つ正義の味方であるはずの先進国が、最大のタックス・ヘイブンでもあるという奇妙な現実も存在する。その筆頭がロンドン、さらにいえばシティである。

ロンドン市内にはシティという一区画がある。スクウェア・マイルとも呼ばれる、広さ一平

方マイルほどのその区画に、英国の金融センターがある。シティには一定の自治権が与えられていた歴史があり、女王陛下といえどもシティに入るときには、市長であるロード・メイヤーの許可を得なければならない。シティがどこにあるかは、主要道からの入口にグリフィンという怪獣の像が立っているから、すぐにわかる。

余談だが、ハリー・ポッター・シリーズに出てくるグリフィンドール寮のシンボルは金の獅子である。これはフランス語で「黄金のグリフィン」を意味する。グリフィンには重要な二つの役目がある。ひとつはゼウス等の天上の神々の車を引くこと、もうひとつは黄金を発見し、守ることである。シティの入口にグリフィン像があるのは、いかにもふさわしいというべきかも知れない。

図 1-2　グリフィン像
主要道からの入口に立つ，シティ(City of London)の守り神ともいえる想像上の怪獣

そのシティがタックス・ヘイブンと同様の機能をもっている。また、さきの王室属領や旧植民地とも緊密に繋がって、国境を越えた巨大な多重構造を構築しているのが特徴である。

もうひとつの先進国＝タックス・ヘイブンが、アメリカである。なかでも、東部のデラウェア州がタックス・ヘイブンとして知られている。デラウェア州のウィルミントンには、フォード、GE、コカコーラ、グーグルなど、世界に名だたる大企業が本社を置いている。日本人にはあまり馴染みのない州だが、驚くほど多数の大企業がわざわざここに本社を置くのは、デラウェア州の法規制が企業に緩やかだからである。実際、現地に行ってみると、どのビルも何の変哲もない静かな建物で、これらの大会社は単に登記上そこに居を構えているにすぎないことがわかる。

デラウェア州は国内にあるタックス・ヘイブンであるという意味で「ドメスティック・タックス・ヘイブン」と呼ばれている。アメリカで設立されるヘッジファンドの大多数はデラウェア籍である。そのほかネバダやワイオミングにも緩い規制や秘密法制があるなど、アメリカ各州の法制度の中にはとうてい他国を批判できないものがある。

それではウォール・ストリートはどうであろうか。ウォール・ストリートは、コーポレート・アメリカの心臓部である。しかし、マンハッタン島自体がタックス・ヘイブンであるという言い方は正確ではない。ただ、企業会計上は素晴らしい業績をあげている企業がアメリカ国内ではほとんど納税していないことは紛れもない事実である。州法ベースの緩い規制や秘密保護法制と節税スキームを利用した低い税負担の組合せをもって、「じつはマンハッタンもタックス・ヘイブンである」というのであれば、それはあながち間違いではないといわなければならない。

一方、国ごと全部がタックス・ヘイブンとなっている国もある。スイス、ルクセンブルク、ベルギー、オーストリアなどの欧州諸国である。これら諸国の最大の特色は秘密保護法制である。スイスの銀行秘密保護法は著名であって日本でもよく知られているが、じつは他の三カ国も同じような秘密保護法制を持っている。これら四カ国は、国際的圧力によって、二〇〇九年にその態度を改めることを公約させられた。その公約が実行されるかどうかは、まだこれからのことである。

なぜあるのか？

タックス・ヘイブンは、税という望ましくない負担から免れたいという人間の本質的な欲求から生じたものである。国家は近代に入ってその役割を増す一方、国民の税負担は重くなっていった。とくに、戦争が大がかりなものとなるに従って、それはますます重くなっていった。しかも、戦争が終わってもその負担は減るわけではない。これは経済史のデータが端的に示すところである。また、近代が現代となり、国家が福祉国家となるにつれてこの傾向は増している。このように租税負担が重くなれば、それを回避する方法をあれこれと考え始める者が現れるのは止めようがない。

また、経済のボーダーレス化ということが重要である。貿易は経済の発展をもたらすから、国際貿易の量は増大することはあっても減少することはない。一方、租税の賦課などのような公権力の行使は、「公法は水際で止まる」という国際公法の大原則があるので、国家の領域を越えて及ぼすことは原則としてできない。したがって、国境を越えて税を免れるという方策を考え出すことは自然の流れである。椰子の茂るカリブの島であるケイマン諸島などは、そのような知恵者によって生み出された一種の「作品」である。

タックス・ヘイブンがタックス・ヘイブンであるためには、一定程度のインフラが必要であるから、どこでもタックス・ヘイブンになれるというわけではない。シンガポールは、昔はただの貧しい漁村であった。ある英国人の船乗りの優れ者がその地の利に目を付け、時を経てシンガポールは世界の一大中継貿易港に発展した。金融街シェントン・ウェイの高層ビル群は東洋のマンハッタンである。天の時と地の利が必要なのである。

また、逆にタックス・ヘイブンとなることに国家としての生き残りの道を見出そうとするケースもある。アイルランドは無限に続くかと思われた経済の低迷をなんとかしようと外資誘致策に乗り出し、税率の切り下げを図ったが、国際的な非難を浴びている。アイルランドのような規模の国であれば他国に与えるダメージも大きく、すぐに注目を浴びる。しかし、小国であれば必ずしも注目を浴びるとは限らない。リヒテンシュタインやモナコならまだしも、サン・マリノ、アンドラなどと言われても知る人は少ない。タークス&カイコスなど、カリブの島国にいたっては、財務省資料でも国名を正確に訳せていない。このような世界各地の小国や地域がタックス・ヘイブンとなっているのである。

2　タックス・ヘイブン・リスト

タックス・ヘイブンの判断基準

どのような国・地域がタックス・ヘイブンに当たるかを判断する基準はいくつかある。ここではOECD租税委員会が一九九八年に公表した、「有害な税の競争」報告書の四つの基準をまず見てみよう。次のようなものである。

①まったく税を課さないか、名目的な税を課すのみであること

② 情報交換を妨害する法制があること
③ 透明性が欠如していること
④ 企業などの実質的活動が行われていることを要求しないこと

OECD(経済協力開発機構)はもともと、アメリカのマーシャル・プランの受け皿としてヨーロッパで設立された機関である。現在は、アメリカをはじめ、日本やカナダなど三四カ国が参加し、「先進国クラブ」といった位置づけの国際機関となっている。統計調査から援助まで、経済活動に関わるあらゆることを行っている。租税委員会はOECDの主要組織のひとつで、国際貿易にともなう先進国間の二重課税を排除することを最大の使命に活動してきた。その拠り所が、OECDモデル租税条約である。このような活動をつづけてきた租税委員会であるから、各国の税制の動向にはつねに注意を払っていた。

租税委員会が示したこの四つの基準は、序章で述べたタックス・ヘイブンの三つの特徴についての問題意識とも合致していることがわかるだろう。この基準はよくできており、タックス・ヘイブンの問題の本質をよく表している。

租税委員会はその後も、「有害な税の競争」報告書に引き続いてプログレス・レポートを公表し、この判断基準の見直しを行っていった。興味深いことに、最後にたどり着いた判断基準では、②と③の基準だけが重視されており、①と④の基準はほとんど無視されている。

ここで重要なのは、タックス・ヘイブンといえば無税国ないし軽課税国であるという理解が一般的であるのにもかかわらず、①のような租税負担に関係する基準が除かれたことである。つまり、ＯＥＣＤ租税委員会は、タックス・ヘイブンの真の問題は、租税や金融取引に関する情報が何も出てこないという、その不透明性、閉鎖性にあると指摘したのである。

「有害な税の競争」報告書

では、その「有害な税の競争」報告書が公表された経緯を少し詳しく見てみよう。タックス・ヘイブンの問題を取り扱う上では、この報告書について語らないわけにはいかない。「有害な税の競争」報告書は一般にタックス・ヘイブン対策のものとして受け止められているが、必ずしもそうではない。むしろ、この報告書の本当の狙いは、先進国の勝手な行動を抑止する点にあった。

報告書が作成される発端となったのは、アイルランドでの税率引き下げである。経済停滞に苦しむアイルランドは、一九九二年に、法人税率を引き下げて海外からの直接投資を引き寄せようとした。この動きを受け、ＯＥＣＤの最高意思決定機関である理事会で各国は、アイルランド政府を激しく批判した。会議場でアイルランド代表は顔を真っ赤にして抗弁していたが、先進国がそのような税率引き下げを始めてしまったら、歯止めがきかなくなってしまう。そこで、税率引き下げの連鎖を懸念する租税委員会は、先進国に好き勝手な行動をとらせないために、税の優遇措置とタックス・ヘイブンの問題をワンセットにして取り上げることにした。そうして発表されたのが「有害な税の競争」報告書である。これは、先進国が実質上、タックス・ヘイブンとなっている現状を考えると、先見の明があったといわなければならない。

また租税委員会は、この最初の報告書につづき、二〇〇〇年にはプログレス・レポートというものを公表した。図1-3に示すように、このレポートでは先ほどの四つの基準にもとづいて、三五の国と地域がタックス・ヘイブンとして初めてリストアップされた。いわば「ここはタックス・ヘイブンである」と名指しで指摘したわけで、世界中に衝撃が走った。

レポートには、タックス・ヘイブンとみなされる国・地域がすみやかに対応しない場合にはしかるべき措置をとるという趣旨の、間接強制的な文言も含まれている。その内容は、国際社会からの追放宣告のようなイメージを与え、かなりの効果があった。ただし、三五のリストの中には、バミューダ、ケイマン、キプロス、マルタ、モーリシャス、サン・マリノが入っていないなど、不可解な点もある。

カリブ地域

①アンチグア・バーブーダ(英連邦) ②グレナダ(英連邦) ③セントクリストファー・ネイビス(英連邦) ④セントビンセント・グレナディーン(英連邦) ⑤セントルシア(英連邦) ⑥ドミニカ(英連邦) ⑦バハマ(英連邦) ⑧バルバドス(英連邦) ⑨ベリーズ(英連邦) ⑩アンギラ(英連邦) ⑪タークス&カイコス(英領) ⑬モントセラト(英領) ⑫ブリティッシュ・バージン・アイランド(BVI) ⑭米領バージン諸島 ⑮アルバ(蘭王国) ⑯アンティル(蘭領) ⑰パナマ

太平洋地域

⑱サモア(英連邦) ⑲トンガ(英連邦) ⑳ナウル(英連邦) ㉑バヌアツ(英連邦) ㉒クック諸島(ニュージーランド自由連合) ㉓ニウェ(ニュージーランド自由連合) ㉔マーシャル諸島(旧米国信託統治領)

ヨーロッパ

㉕ジブラルタル(英領) ㉖ガーンジー(英王室属領) ㉗マン島(英王室属領) ㉘ジャージー(英王室属領) ㉙アンドラ ㉚リヒテンシュタイン ㉛モナコ

その他

㉜セーシェル ㉝バーレーン ㉞モルディブ ㉟リベリア

図1-3 OECD租税委員会によるタックス・ヘイブン・リスト
2000年に公表.「ここはタックス・ヘイブンである」と初めて名指しで指摘した. 出典:OECD租税委員会「有害な税の競争」2000年プログレス・レポート

ブラックリストの功罪

グローバル・フォーラムという国家間の協議の場が設けられて、タックス・ヘイブンの監視が始まったのは、ちょうどそのプログレス・レポートが出た頃である。グローバル・フォーラムという名称の国際的な集まりは多数あるが、これは租税関係のものである。OECDが事務局を務め、会議はパリにあるOECDの本部で行われる。

そして、そうこうするうちに、二〇〇八年、リーマン・ショックが世界を震撼させる事態を迎えた。危機の根源にタックス・ヘイブンの存在を認めた先進諸国は、急きょ、史上初のG20首脳会議を開催し、対策を講じはじめた。二〇〇八年一一月のワシントンを皮切りに、二〇〇九年四月はロンドン、同年九月はピッツバーグ、二〇一〇年六月はトロントと、矢継ぎ早に首脳会議が持たれた。その中で最も重要な対策のひとつに挙げられたのが、「タックス・ヘイブン退治」である。

二〇〇九年四月、タックス・ヘイブン退治に当たり、グローバル・フォーラムはブラックリストを作成した。図1-4に示すこのリストは、先進国の金融センターの問題にまで踏み込んだ点で画期的なものであり、ひとつの成果といえる。しかし、一方でタックス・ヘイブン問題の根の深さ、難しさも反映しており、とくに「注」の部分にそれが現れている。やや深入りすることになるが、国際的な議論の舞台裏をうかがう意味で、少し詳しく見てみよう。

まず最も重要なものは、注1である。非常に意味の取りにくい訳文になっているが、要するにこの注は、タックス・ヘイブンの判断基準が、情報交換と透明性の欠如だけに絞られたことを示している。すなわち、税負担が低いということは、タックス・ヘイブンの基準の第一順位からすべり落ちているのである。この点は、タックス・ヘイブン問題を取り上げるうえで最も重要な点である。

注2は、中国の特別行政区(SAR)である香港とマカオがリストから除かれている理由である。「中国政府の猛反対により、この二つはリストから除外することになった」とは書けないので、中味をぼかして書いてある。香港は、言わずと知れたアジアのタックス・ヘイブンの雄である。マカオは、このあと第4章で触れる北朝鮮の秘密口座事件の舞台である。ただし、現在では二つともリストに載せられている。

注3は、「税の有害な競争」報告書とプログレス・レポートの示す基準で選ばれた、以下の国・地域がタックス・ヘイブンであると言っている。これを読むと当初の四つの基準がまだ生きているようにも受け取れるので、注1と矛盾するようにも思える。しかも、プログレス・レ

国際的に合意された税の基準の実施についてOECDグローバル・フォーラムにより調査された国・地域に関する進捗報告書(注1)

2009年4月2日現在

国際的に合意された税の基準を実施している国・地域			
アルゼンチン	ドイツ	韓国	セーシェル
オーストラリア	ギリシャ	マルタ	スロバキア
バルバドス	ガーンジー	モーリシャス	南アフリカ
カナダ	ハンガリー	メキシコ	スペイン
中国(注2)	アイスランド	オランダ	スウェーデン
キプロス	アイルランド	ニュージーランド	トルコ
チェコ	マン島	ノルウェー	アラブ首長国連邦
デンマーク	イタリア	ポーランド	イギリス
フィンランド	日本	ポルトガル	アメリカ
フランス	ジャージー	ロシア	米領バージン諸島

ポートがリストアップしたのは、さきに見たとおり三五の国・地域であって、このブラックリストの挙げる三〇の国・地域とは数が合わない。

こうした辻褄の合わない話は、英国が旧植民地のBVIやバハマを擁護するような、国際会議の内幕話を知らないと理解できないことである。主権国家がそれぞれの思惑で訳のわからないことを言う中で、何とか議論を収束させようとすると、あとから読んだら意味の通らないおかしなことが書いてある、ということになる。

注4が言っているのは、ケイマン諸島はいま現在はブラックリストに載せられているけれども、国内立法により租税情報交換協定(TIEA)と同様な措置を講じると約束した、ということである。これはグローバル・フォーラムが独自に定めたルールが存在するということである。すなわち、一二以上の国と租税情報交換協定を結べば、ブラックリストから外すというものである。

このような一二カ国ルールがあることによって、日本政府と租税

国際的に合意された税の基準にコミットしているが、実施が不十分な国・地域					
国・地域	コミットした年	協定の数	国・地域	コミットした年	協定の数
タックス・ヘイブン (注3)					
アンドラ	2009	(0)	マーシャル	2007	(1)
アンギラ	2002	(0)	モナコ	2009	(1)
アンチグア・バーブーダ	2002	(7)	モントセラト	2002	(0)
アルバ	2002	(4)	ナウル	2003	(0)
バハマ	2002	(1)	蘭領アンティル	2000	(7)
バーレーン	2001	(6)	ニウェ	2002	(0)
ベリーズ	2002	(0)	パナマ	2002	(0)
バミューダ	2000	(3)	セントクリストファー・ネイビス	2002	(0)
英領バージン諸島	2002	(3)	セントルシア	2002	(0)
ケイマン諸島 (注4)	2000	(8)	セントビンセント・グレナディーン	2002	(0)
クック諸島	2002	(0)	サモア	2002	(0)
ドミニカ国	2002	(1)	サンマリノ	2000	(0)
ジブラルタル	2002	(1)	タークス&カイコス	2002	(0)
グレナダ	2002	(1)	バヌアツ	2003	(0)
リベリア	2007	(0)			
リヒテンシュタイン	2009	(1)			
その他の金融センター					
オーストリア (注5)	2009	(0)	グアテマラ	2009	(0)
ベルギー (注5)	2009	(1)	ルクセンブルク (注5)	2009	(0)
ブルネイ	2009	(5)	シンガポール	2009	(0)
チリ	2009	(0)	スイス (注5)	2009	(0)

4月7日、基準へのコミットをOECDが発表

国際的に合意された税の基準にコミットしていない国・地域			
国・地域	協定の数	国・地域	協定の数
コスタリカ	(0)	フィリピン	(0)
マレーシア領ラブアン島	(0)	ウルグアイ	(0)

注1　OECD 非加盟国と協力して OECD が策定し、2004 年の G20 財務大臣会合(ベルリン)や 2008 年 10 月の国連国際租税協力専門家委員会によって合意された、国際的に合意された税の基準は、自国の課税の利益や銀行秘密などに関わりなく、国内税法の実施・実行のすべての事項のために要請に応じた情報交換を行うことを要求する。同国際基準はまた、交換された情報の秘密を広く保護することとしている。

注2　国際基準の実施にコミットした Special Administrative Regions を除く。

注3　Tax Havens は 1998 年 OECD レポートに基づくタックスヘイブン基準に該当するものと 2000 年に認定されたもの。

注4　ケイマン諸島は一方的な情報交換を可能にする法律を制定し、それを行う用意ができているとする 12 の国を特定した。この法律は、OECD によってレビューされているところである。

注5　オーストリア、ベルギー、ルクセンブルク、スイスは OECD モデル租税条約第 26 条に付していた留保を撤回した。ベルギーは、48 か国に対し、既存の条約の第 26 条を議定書でアップデートする提案を発出している。オーストリア、ルクセンブルク、スイスは条約締結相手国に対し、新しい第 26 条を含む条約の交渉に入る意思を示す書面を準備し始めた旨を表明している。

図 1-4　グローバル・フォーラムによるタックス・ヘイブン・ブラックリスト

2009 年，タックス・ヘイブン退治を前提に作成されたリスト．先進国の金融センターの問題にも踏み込んだ点で画期的といえる．
出典：財務省主税局参事官室

情報交換協定を結びたいと希望するタックス・ヘイブンは多い。日本政府はこれにこまめに対応していて、バミューダとの協定から始まって、バハマ、ケイマン諸島、マン島、ジャージー、ガーンジーなどと協定を結び、順次発効もしている。

しかし、こうした協定の実効性には大きな疑問が残る。タックス・ヘイブンの当局が交換するに足る情報を持っているのであれば、協定を結ぶことにも一定の意味はあるだろう。ところが実際は、どこのタックス・ヘイブンも、およそ情報などと呼べる代物は持ち合わせていないし、そもそも持とうとしていない。持っていないものは交換できない。したがって、情報交換協定などといっても形ばかりのもので、絵に描いた餅にすぎない。それを見越して協定だけは結ぶ気になったというだけのことである。

注5は、先進国の中で事実上のタックス・ヘイブンとされていた国々の行動である。すなわち、オーストリア、ベルギー、ルクセンブルク、スイスの四カ国である。これらの国は、それまではOECDのモデル租税条約の情報交換規定にさえ留保を付するほどに情報交換について消極的であった。しかし、その頑強な四カ国でさえ、留保を取り消して、協力的態度を取りはじめた。その意味で、グローバル・フォーラムによるブラックリスト作成は、先進国に対しては非常に有効な国際的圧力となったといえる。ブラックリストに入れられるということは、か

くも強いプレッシャーになるのである。

図中の太い四角に囲まれているのは、いわば「一番悪い国と地域」である。この図にあるコスタリカ、フィリピン、ラブアン島、ウルグアイは、当初は「ブラックリスト、何するものぞ」という態度をとりつづけていた。ところが、いざブラックリストが公表されてみると、自分たちだけが取り残されて、一番悪い国と地域にされていることに気がついた。どこも飛び上がって驚き、たちまち恭順の意を表して、国際基準に従うことに合意した。このため、最初の公表から五日後の四月七日に改訂されたリストでは、この部分は空白になった。

一番悪い国・地域の欄が空白になったことは、結果的にはまずかったように筆者には思われる。「これからはいい子にしています」と口約束さえすれば見逃してもらえるという観測が、タックス・ヘイブンの間で流れはじめたからである。しかも、ブラックリスト公表後はG20首脳会議も興味を失ってしまったようである。タックス・ヘイブンの専門家諸氏の間では、このブラックリストの実効性については懐疑的な論調が多い。その一方で、締結された情報交換協定の数だけは着実に増えている。

先進国の金融センター

以上のように、いろいろと毀誉褒貶《きよほうへん》はあるかも知れないが、このリストにはひとつ非常に有意義な点がある。それは先進国の中にある金融センターの問題が正面から取り扱われていることである。

図1-4のグローバル・フォーラムのリストを見ると、全部で四つの欄がある。上から順に、

A　国際的に合意された税の基準を実施している国・地域

B　国際的に合意された税の基準にコミットしているが、実施が不十分な国・地域

　B1　タックス・ヘイブン

　B2　その他の金融センター

C　国際的に合意された税の基準にコミットしていない国・地域

となっている(便宜上、A、B、Cと付記)。

「国際的に合意された税の基準」とはさきに示したタックス・ヘイブンの判断基準、「情報交換を妨害する法制があること」「透明性が欠如していること」の二つである。Aグループでは世界の三大金融センターであるロンドン、ニューヨーク、東京を有する英国、アメリカ、日本などもチェックの対象となっている。そしてB2グループでは、「その他の金融センター」と

してオーストリア、ベルギー、ルクセンブルク、スイスの四カ国が取り上げられ、ブラックリスト入りの国であると名指しで指摘されている。

グローバル・フォーラムのリストのこういう点は、先進国に対しても問題意識を持っていることの現れである。すなわち、先進国の金融センターも実は、タックス・ヘイブンと同様の場となっている事実を明示しているのである。

しかしながら、同時に、英国王室属領のジャージー、マン島や、米領バージン・アイランド、モーリシャスのような地域が堂々とAグループに入れられていたりもする。ブリティッシュ・バージン・アイランド(BVI)にいたっては、B1グループでブラックリスト入りしてはいるものの、「国際的に合意された税の基準」を満たすことを公約したということにされている。こういう点はこのリストの限界であり、さきに述べたような国際交渉の暗黒面を見せている。国際政治の舞台裏で、シティやウォール・ストリートが暗躍していることが、うかがわれる部分である。

シティとウォール・ストリートの権益はいまや、英国とアメリカの国益そのものであると言っても過言ではない。ファイナンシャル・アクション・タスク・フォース(FATF)の会議では、旧宗主国が旧植民地であるタックス・ヘイブンの擁護に回ることがある。英国の大蔵省などはその点において露骨である。あるときなど、英大蔵省は、バハマの擁護にまわるあまり、常識にも悖《もと》る発言があった。筆者は会議の席上でそれを厳しく批判した。こういうときには非常に慇懃無礼なクイーンズ・イングリッシュで遠回しに言わなければならない。

しかし、意図は誰から見ても明白である。これには議場も緊迫して、ポルトガル出身のギル・ガルバン議長は、各国代表団をアルファベット順にすべて指名して、バハマの取り扱いについて意見を表明するよう求めた。そうして結局のところ、英国は鉾を納めざるをえなくなった。

翌日になって英国代表は、本国の訓令によってあらためて日本国の謝罪を求めるという挙に出たらしい。しかし、筆者はすでにそのとき、アムステルダムの別の会議に飛んでいたので、後の祭りに終わった。国際会議は国益のせめぎ合いの場でもある。舞台の裏側では、火花を散らして剣を交えているのである。

それにしても、英国はなぜそこまでムキになるのか。それは、シティが金融で英国のGDPの多く(二〇~三〇%ともいわれる)を稼ぎ出し、英国の租税収入の約一〇%を占めているためである。また、英国はシティが存在することによって国際社会における発言権を確保している。つまり、シティの権益に直結するタックス・ヘイブンを守ることは、英国の国益を守ることなのである。

英国の大蔵省に招かれて、日本の財務官にあたる高官と世界金融危機の状況判断について意見交換をしたことがある。筆者はかねてよりの自説を述べて、「マネーが急速に増大して実物経済とのバランスがとれなくなるから金融危機が定期的に生じる。原因はマネーである。金融危機のメカニズムはまことに単純である」と言った。しかし、たとえそれが事実だとしても、それを面と向かって言われてはシティの金融で繁栄している英国としてはたまらない。大蔵省高官の反論は強硬であった。

サッチャー首相の下、金融ビッグ・バンという一大規制緩和が行われたのをきっかけに、シティは大きな発展を遂げた。それに伴って、かつて「英国病」とまで言われ揶揄されつづけてきた英国経済は沈滞から抜け出した。シティの活力を削ぐような議論はいかなるものも許さない。英国政府の強い意志がひしひしと感じられた。

3　オフショア・センター

事前規制の重要性

ところで、英国の金融センターであるシティは、一般に「オフショア・センター」であると言われる。タックス・ヘイブンについて講演をしていると、「オフショア・センターとタックス・ヘイブンとはどう違うのか?」と質問されることがある。「どちらも同じものである」というのが最も簡単な答えだが、厳密にいうと区別して理解する必要がある。

オフショア・センターとは何かを理解するには、まず規制行政の重要性を念頭に置かなければならない。金融は経済の血液であるといわれるように、マネーが暴走を始めたり、金融システムが機能不全に陥ると、実体経済は取り返しのつかないダメージを受ける。そこで、金融システムの全体に事前規制をかけて、暴走や機能不全を未然に防ぐ措置がとられる。

ここで「事前に」という点が重要である。危機が起きてから手を打っても間に合わないからである。事前規制を蔑《ないがし》ろにすると、どんなことが起こるかは、日本の原子力行政が証明している。金融行政もかつて、それと同様の経験をした。旧大蔵省は金融行政で大失敗をして、一九九八年の金融危機を招いた。失敗の根幹には、金融規制行政と金融業保護行政を一つの官庁で一手に行っていたことがある。二つの相反する行政を一つの役所で行うのだから、いつかは政策に矛盾をきたす。そして、規制のタガが外れ、危機に陥る羽目になった。その結果、大蔵省が財務省と金融庁に分割されたのは周知のとおりである。

オンショアとオフショア

金融行政では、一般には国内マーケットにおける内内取引と内外取引を規制する。一方、それとは別に、外外取引に対してだけは規制を緩和して、国内マーケットの中に特別の〝座敷〟を設けて取引を認める場合がある。こうした外外取引では、源泉徴収などの税金をおまけすることもある。なぜそのような特別の優遇措置を施すかというと、国外の取引者にこういう取引の場を提供してマネーを呼び込むことで、結果的に国内マーケットが潤うことになるからである。

ここで、内内取引とは国内の取引者同士の取引であり、内外取引とは国内の取引者と国外の取引者とのクロスボーダーの取引である。これに対して外外取引とは、国外の取引者同士の間の取引をいう。内内取引または内外取引を行う国内マーケットを「オンショア・マーケット」、

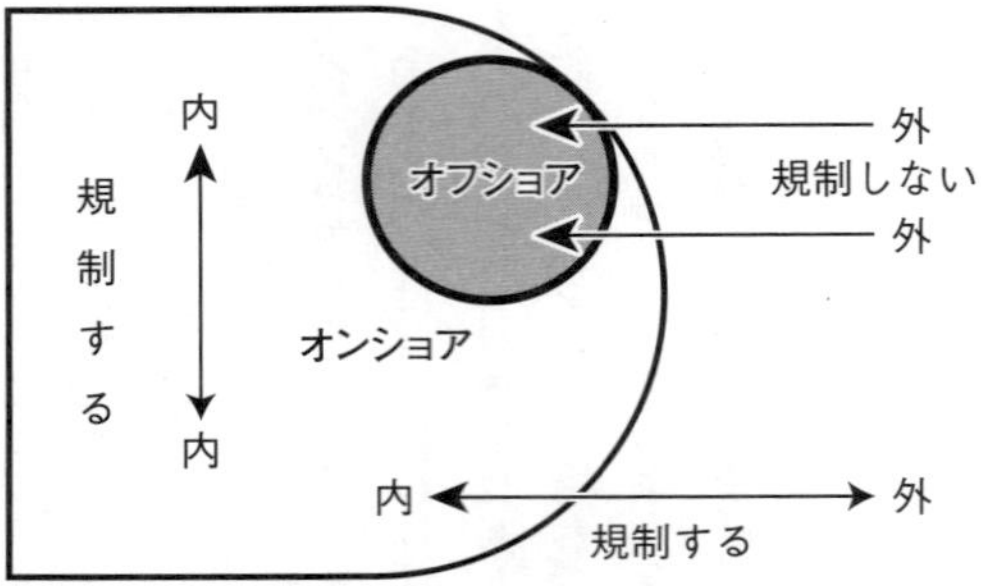

図1-5　オフショア，オンショアのイメージ
国内経済の中に特別の“座敷”を設け，そこでだけ外外取引を行えるようにする．国内経済への悪影響を遮断しつつ，“座敷”の賃貸料が落ちてきて潤う仕組みになっている

特別の優遇措置が受けられる外外取引のマーケットを「オフショア・マーケット」と呼ぶ（図1-5）。「オンショア」「オフショア」という言い回しはイメージ的なものである。視点の位置を架空の海岸線（ショア）上に置いてみよう。オフショア・マーケットという呼び方は、その海岸線からすぐの沖合にある小島の、特別な取引場というイメージから来ている。一方、オンショア・マーケットは、海岸線から見て内陸側にある国内の通常の取引場というイメージになる。ただし、図1-5に示すように、「オフショア」といっても実際には海の向こうにあるわけではない。

オフショア・マーケットには、国外からたくさんの人間がやってくる。なぜか。それだけの利便性があるからである。バブル華やかなりし時代、ロンドンでは多数の日本企業がやってきて取引をしていた。ロンドンでワラント債を発行するのも日本企業なら、それを購入するのも日本企業といった取引も多く見られた。わざわざロンドンまで出かけて行って取引をするのは、そもそも日本ではできないことをやれるからである。また税負担を軽くしてもらえるなど、東京のマーケットにはないメリットが受けられる。取引の〝座敷〟を提供するロンドンとしても、それで大いに潤うことができる。オフショア・マーケットにおける外外取引の典型的イメージはこれである。

オフショアの二つのタイプ

オフショア・マーケットには、次のような二つの類型がある。

①オンショアとオフショアが明確に区別されているもの

②オンショアとオフショアの区別がないもの

まず、①のようなオフショア・マーケットが別に設けられている、いわば分離型を説明しよう。たとえばニューヨークのＩＢＦ(インターナショナル・バンキング・ファシリティ)がそれである。東京にも特別国際金融取引勘定というオフショア・マーケットが設けられている。

さきに「オフショア・センターとは何かを理解するには、まず規制行政の重要性を念頭に置かなければならない」と述べた。国内の経済を守るためには、その血液である金融システムをしっかりと規制しなければならない。そのために、金融規制行政が重要になる。内外の取引者は規制によって取引の形態が制限され、それによって国内経済が守られるわけである。

ところが外国の取引者で、そのような規制された取引をしたい者がいるとする。仮に政府はその外国人がそのような取引をしたとしても、国内経済に影響を及ぼさない限りは構わないと判断したとしよう。そして特別に、外国人同士だけが取引できるような〝座敷〟を設けて、そこで取引させることにしたとする。税金も免除する。外国人同士だけの取引であるから、国内経済に対する悪影響は遮断できるし、座敷を貸す座敷料は国内に落ちるというわけである。

たとえば、カジノを例として考えればよい。日本ではカジノは禁止されている。しかし、ここでお台場に「特区」を設けてカジノを開設することに決めたと仮定しよう。お台場のカジノでは、中国や韓国からの観光客はルーレットやブラック・ジャックを楽しむことができる。しかし、賭博罪にあたるから日本人の入場は許されない。こういうイメージである。

一方、②のような一体型オフショア・マーケットの典型は、世界の金融センター、ロンドンである。「ロンドンはオフショア・センターである」と言われる所以である。

一九五〇年代半ば、ロンドンではユーロドル市場というオフショア・マーケットが成立した。

その後、徐々に規模が拡大していき、ケネディ大統領がドル防衛のために導入した金利平衡税が取引を阻害し、大量のドルがヨーロッパに滞留したことなどから一気に成長した。

ここでユーロドルとは、アメリカではなくヨーロッパに預けられているドルのことをさす。その後は、ユーロ円のように「ユーロ何々」という名称はドルだけに限られなくなり、また地域的にもヨーロッパに滞留している通貨に限られなくなった。現在は、母国以外に滞留している通貨はすべて、頭に「ユーロ」が冠される。「それじゃ、ユーロ・ユーロってのはあるのかい？」というのは、よく聞くジョークである。

ユーロドル市場に対しては、アメリカの金融当局の規制が及ばない。〝座敷〟を貸している英国側でも、イングランド銀行の独自の判断にもとづいて、これに規制をかけないことにした。そうして、オフショア・マーケットとしてのユーロドル市場が誕生することになった。

英国大蔵省は当初、規制をかけないことの問題点に気がつかなかったと言われている。そして、問題点に気づいたときには、もはや規制をかけられる状況ではなかった。それほどまでにユーロドル市場は急速に発展を遂げ、シティを潤すようになっていたのである。

またカジノの喩えで考えてみよう。ロンドンがオンショア・オフショア一体型であると言われるのは、ロンドンでは「カジノ」の開設そのものが一般に認められていて、外国からの観光客のみならず、英国人も「カジノ」に出入りできるからである。基本的にロンドンでは規制は行われておらず、英国人も外国人も差別なくあらゆる形態の取引を行えるのである。

タックス・ヘイブンと金融センター

少し知識のある人に尋ねると、「タックス・ヘイブン」といえば、ケイマン諸島のように、青い海、やさしいそよ風、椰子の木が茂るカリブ海の小島を連想するようである。しかし、租税回避、マネー・ロンダリング、巨額投機マネーによる経済破壊という三つの要素から見れば、先進国の金融センターを見逃すわけにはいかない。悪事は目の届かない、遠い海の向こうだけで行われるわけではないのである。

シティのすぐ近くには、ジャージー、ガーンジー、マン島という王室属領がひかえている。ガーンジーとジャージーは、英仏海峡の島々である。海峡（チャンネル）にあるから、チャンネル諸島と呼ばれる。マン島は、英国とアイルランドの間のアイリッシュ海に浮かぶ島である。シティは、これらすぐ近くのタックス・ヘイブンを簡単に利用することができる。遥か大西洋の彼方の島々に目を奪われて、本家ロンドンのオフショア金融活動を見逃してはならない。タックス・ヘイブンの全容は、先進国の金融センターも含めた多重構造を全体として眺めることによって初めて理解できるのである。

大陸のタックス・ヘイブン

ちょっと英国の説明が長くなった。次に、スイスなど、大陸の先進国のタックス・ヘイブンについて簡単に述べておく。

タックス・ヘイブンとしてのスイスの特徴は二つある。ひとつは、税負担の低さである。スイスは二六のカントン(州)からなっていて、それぞれ自治権が強い。ウィリアム・テルの昔にも遡る伝統である。チューリッヒの南隣のツークやシュヴィーツなどのいくつかのカントンでは税負担がかなり低い。このあと第2章で述べるハリポタ事件は、そこに着目した節税策のケースであった。

もうひとつの特徴は、いわゆる「スイスの秘密口座」で知られる銀行秘密保護法である。スイスの銀行業は、この法律を根拠に預金者の情報を一切開示してこなかった。こうした秘密性によって諸外国の富裕層が多額の資産をスイスの銀行に隠したり、さまざまな黒い資金が集まって脱税やマネー・ロンダリングの温床となっていた。

しかしながら、そのスイスも近年はさまざまな圧力を受けている。ナチス・ドイツの犠牲となったユダヤ人の預金を着服していたことが批判されたり、アメリカのＩＲＳ（内国歳入庁）の圧力に屈して個人情報を開示したり、さらに二〇〇九年のグローバル・フォーラムでは情報交換を公約させられている。くわしくは後述する。

スイスの東隣にあるリヒテンシュタインは、プライベート・バンキング（個人富裕層の資金運用業）によって荒稼ぎをしていたタックス・ヘイブンである。リヒテンシュタインについては、第2章でくわしく述べよう。ヨーロッパにはその他に、オランダ、ベルギー、ルクセンブルクなど、群小のタックス・ヘイブンが軒を連ねている。

4　タックス・ヘイブンの利用法

サンドイッチという手法

日本銀行が作成した国際収支統計（二〇〇八年）によると、日本からの対外直接投資の最大の仕向地はアメリカである。次いで二位にはオランダ、三位にはケイマン諸島が並ぶ。アメリカが一位であるのは当然として、オランダとケイマンがそれに次ぐのはやや意外であろう。これには、それだけの理由がある。

オランダには、さまざまな優遇税制があり、これを利用すると節税ができる。そこで、国際取引をする際にオランダを経由する節税方法がいろいろと編み出されている。オランダを間に挟ませるという意味で、これを「ダッチ・サンドイッチ」という。

日本とオランダとの間では租税条約(日蘭租税条約)が結ばれている。この日蘭租税条約にはかつてループ・ホールがあった。ループ・ホールとは、法律や条約の中にある租税を合法的に免れる抜け道である。日蘭租税条約のループ・ホールと、日本で設立した匿名組合を組み合わせると、日蘭の両国で所得税を払わないで済むようにできた。

そのループ・ホールを悪用した事件がいくつか起こっている。課税の有無を争って最高裁まで上がったケースさえある。日本ガイダント事件とオウブンシャ・ホールディング事件である。前者では納税者側が勝った。後者では納税者側が負けた。

じつは筆者は、日蘭租税条約の改定交渉担当者として、このループ・ホールをふさぎ忘れた張本人である。その後、日蘭両国政府は長い交渉を積み重ねて、何とか日蘭租税条約の再改定にこぎ着けて、今ではこのループ・ホールはふさがれている。しかしながら、再改定交渉にかかった時間の長さを見るだけでも、オランダ側の抵抗には相当に手を焼かされたことがわかる。

オランダのように資源も少なく、産業も強くない国は、国際取引にからめて、あらゆる方法でビジネスを成り立たせていかなければ経済が成り立たないのである。その点、同じ資源小国である日本はまだ余裕があるのかもしれない。

ケイマン諸島については、もはやほとんど説明を要さないであろう。近年では、オリンパス事件やAIJ事件にも顔を出している。ケイマン諸島を間に挟む国際的租税回避には、「ケイマン・サンドイッチ」というニック・ネームがある。節税（ときには脱税）の仕組みを考える場合には、まずケイマン諸島を利用するのが一種の基本となっている。

ただしさきにも述べたように、世界的に見るとケイマン諸島の人気は一時ほどではない。しかし、国際的なビジネス交渉が必ずしも得意でない日本人にとっては、ケイマンは慣れ親しんだ相手で利用しやすい。そこでケイマンは今でも上位三位に入ってくるのである。

帰ってこない所得

最近の国際収支統計の発表を見ると、ケイマンの位置づけはむしろ上がっているようにも見える。日本の経常収支の黒字を支えているのは所得収支である。貿易収支が赤字になっている日本経済にとって、経常収支の黒字を支える所得収支はとくに重要である。その所得収支のうちの証券投資収益では、債券利子が大きなウェイトを占めている。今はとりわけケイマンから流入してくる債券利子が伸びている。その最大の理由は、個人マネーがケイマン籍の投資信託に流れているからである。

いろいろと複雑な仕組みを工夫することによって、全体としての租税負担を減らすことができるのが税金の世界である。したがって、課税当局はそこに不正が潜んでいないかどうか、たえず目を光らせることになる。しかし、ダッチ・サンドイッチやケイマン・サンドイッチのように、その仕組みの中にタックス・ヘイブンが組み込まれると、全容解明はどうしても難しくなってくる。国境を越えたマネーの流れを追及しようとしても、それには限界があるからである。

こういう状況では、いかに所得課税が基本であると言っても、単なる理想論になってしまう。たとえば、高額所得者がタックス・ヘイブンを使って所得や資産を国外に逃してしまえば、当局は捕捉しようがない。捕捉できなければ、どんなに立派な税制を作ったとしても意味がない。それどころか、国外に資産を逃すほど富裕でない中所得層・低所得層にツケが回されてくることになる。国境を越えた金融取引があり、タックス・ヘイブンがある限りは、所得課税の公平そのものが保たれないどころか、逆進課税にさえなってしまうわけである。

所得税の増税を主張する論者は、この問題に明確な答えを出せるようでなければならない。

ただ、ケイマン投資信託の場合、所得収支として債券利子の流入が把握されている分、まだしも救いはある。問題は、どこか税負担の少ない場所で信託などを利用して滞留し、日本に帰ってこない所得である。ケイマンに投資した資金や証券投資した資金は、ケイマンに留まっているわけではない。ケイマンを経由してどこかの先進国に流れて行って、そこで投資され、利子や配当を生んでいるはずである。そうして新たに生み出された所得は、どこかの先進国のタックス・ヘイブンで、信託などを利用して無税で滞留しているであろう。

対策がまったくないわけではない。平成二四年度(二〇一二年度)の税制改正によって、国外財産調書制度というものが導入された。これは所得税と相続税に関して国外財産の申告漏れが増えているので、国外財産の保有者に「国外財産調書」というものを提出してもらおうという制度である。暦年末日で国外財産の価額の合計が五〇〇〇万円を超える個人が対象になる。加算税についてのアメとムチの特例があるほかに、一年以下の懲役または五〇万円以下の罰金という罰則までついている。ただし、抜け穴だらけの制度である。

また、国際租税の領域で唯一の多国間条約である「税務行政執行共助条約」というものがある。これは、情報交換、徴収共助、文書の送達などについての国際協力を約束する条約である。条約の略称から読み取れるとおりである。

この条約は、一九八八年に成立していたが、G7のうちでは日本だけが、長らくこの条約に署名することを渋っていた。その理由は、理由とも言えないような類いのものであったが、今後の国際的租税回避の防遏《ぼうあつ》には欠かせないという世界的な論調に呼応して、ようやく二〇一一年に署名するに至った。発効はまだであるし、十分に機能するかどうかの保証はない。しかし、やってみなければわからない。脱税・租税回避が横行する今となっては、この条約に参加しないわけにはいかないのである。

金融サービスの裏面

ヨーロッパにリヒテンシュタインという国がある。スイスの東側に接し、軍事外交などはスイスに委任している小さな大公領である。切手収集家の間で有名な国で、大公夫妻の写真が入った切手が最も人気であるという。雪の降り積もる寒い日に、その首都ヴァドゥーツを訪れたことがある。大公の居城のある山に登ると、大公妃殿下がお孫さんを雪だるまで遊ばせているのに遭遇した。

ヴァドゥーツの街を歩いていて驚くのは、プライベート・バンクの多さである。プライベート・バンクとは、個人に密着して資産運用のアドバイスをする銀行である。欧米各国の富裕者は、リヒテンシュタインのプライベート・バンクに口座をもつ者が多い。そのプライベート・バンクがリヒテンシュタインを窮地に追い込む大事件を起こしたのは、二〇〇六年のことである。この事件の詳細については、次の第2章で紹介しよう。

プライベート・バンクをめぐっては、なにかと事件が絶えない。アメリカのシティ・バンクのプライベート・バンキング部門は、二〇〇四年、東京マーケットで不祥事を起こして金融庁の検査に引っかかった。今ではシティ・バンクのプライベート・バンキング部門は日本では営業をしていない。それ以前にも、クレディ・スイス・ファースト・ボストンが、証券取引等監視委員会（SESC）の調査を受けるケースがあった。SESCは調査に入るなり、真っ先にメールのやりとりで消去された部分を復元してデータを再現した。この調査方式は抜群の効果があり、クレディ・スイスは虚を突かれ、不祥事の解明につながった。クレディ・スイス・ファースト・ボストン銀行東京支店は日本での銀行業の免許取消処分を受けた。

このとき、クレディ・スイスの首脳であった某氏は、あまりにも見え透いた規制違反を平然と働くので有名であった。筆者は、ビル・マクドノーNY連銀総裁とハワード・デイビス英金融サービス機構（FSA）長官に、「アメリカと英国はなぜ、彼のような人間がマーケットにいることを許しているのか」と詰め寄ったことがある。ところが、二人とも返事をはぐらかして明言を避けるので、なにか変だと思った。

その理由は、ずっと後になってから思い至った。ロングターム・キャピタル・マネジメント（LTCM）の破綻の際に、マクドノー総裁が奉加帳をまわして、主要金融機関に資金を拠出させた。そのときに招集された各金融機関のヘッドたちの中に、問題の某氏もいたのである。その某氏もしばらく後には金融界から永久追放となって、このことはニューヨーク・タイムズの一面を飾った。

これらの事件は、外資系の金融機関が行っているサービスの裏面を垣間見させる。しかし、たまたま水面上に浮かび上がった氷山の一角といってよいだろう。外資系金融機関の老獪《ろうかい》さに比べれば、日本の金融機関はまだまだアマチュアのレベルで、よく言えばまじめな優等生である。バブル期とバブル後の時期、日本の金融機関が外資系金融機関に食い物にされた様子は、たとえばフランク・パートノイの『フィアスコ』（邦訳『大破局』徳間書店）という書物の中に活写されている。武士の情けで実情をここで説明することはしないが、日本人はフィナンシエ（金融業者）としての天賦の才能に恵まれた民族でないことは、どうやら確からしい。

第2章　逃げる富裕層

1　節税・租税回避・脱税

あいまいな境界

まず、節税、租税回避、脱税という概念の区別をしておこう。

節税とは、非難される性質のない税金を減らす努力である。節税の典型的な例として必ずあげられるのは、キャピタルゲイン課税の例である。「キャピタルゲイン」とは、土地などの資産が値上がりした場合の値上がり部分のことをいう。

キャピタルゲインの課税はどうあるべきかということには、なかなか難しいものがある。日本の譲渡所得課税は五年を境に短期と長期に区分されていて、長期譲渡所得の方が租税負担は軽い。この五年という年限は、納税者にとってひとつの分水嶺となる。たとえば、たまたま四年半保有していた土地があって、それを誰かに売りたいと思ったとしよう。このとき、もし譲渡所得の規定について知っていたら、あと半年待ってから売るだろう。誰もこれを非難されるべき行為とは思わない。これがふつうに説明される節税の典型事例である。

脱税は、「仮装隠ぺい」などという重加算税を課されるような行為や、「偽りその他不正の行為」という、ほ脱犯となる行為である。帳簿を二つ作って（二重帳簿という）、売上の一部を表の帳簿に計上しなかったり、架空の仕入を計上するなどの行為が典型である。

以上のような、節税と脱税の中間に位置するのが租税回避である。租税回避とは、非難の対象となって課税処分を受けるべきであるか否かが直ちには明らかでない行為である。租税回避と節税の境界はあいまいであり、また租税回避と脱税の境界もあいまいである。これまでにあまたの碩学が、何らかの基準でこれらの間に境界線を引こうと努めてきた。しかし、理論的にも現実的にも、それを明解に区分できた例はないと言ってよい。

日本の富裕層

外国には想像を絶するような大富豪がいる。ロックフェラー家やロスチャイルド家などの資産は、先進国であっても小国のGDPなどでは足元にも及ばないほどに巨額である。英国の資産家ランキングでは、王家が群を抜いて一位である。また、「フォーブス400」という雑誌はアメリカの富裕層四〇〇名を純資産ベースで推計しているが、これによると二〇一〇年の一位はビル・ゲイツで五〇〇億ドル、二位はウォーレン・バフェットで四〇〇億ドルである。ゲイツはマイクロソフトの共同設立者、バフェットは長期投資を専ら行う著名な投資家である。クレディ・スイスの試算によると、五〇〇〇万ドル(約四〇億円)以上の純資産を持つ富裕層は、一位がアメリカで三万八〇〇〇人、二位は中国で四七〇〇人、三位はドイツで四〇〇〇人、四位は日本で三四〇〇人となっている。

従来、日本社会は経済的に平等であることが特色であって、小金持ちはいても大金持ちはいないと信じられてきた。たしかに日本の場合、アメリカのようなスケールの超大富豪はいない。しかしながら、実際には右の数字で見たように、日本の個人富裕層は一般に思われているよりもはるかに多い。これは裏をかえせば、日本にも所得や資産が巨額に上るため節税に苦労している人間が少なからずいるということである。

ある程度の所得が得られるようになると、金融機関や証券会社からさまざまな金融商品の勧誘が来るようになるが、本当の富裕層にはもっとはるかに複雑で専門的な節税商品が売られている。そうした個人富裕層や同族会社には専門のチームが付いていて、その指導の下、資産運用と税務対策がなされていたりする。こうした事実は、これまで裁判で争われてきた節税事例の一つひとつを検討していくことによってのみわかる。次節では、そのような事実が見え隠れする具体的なケースを見ていくことにしよう。

2　タックス・ヘイブン事件簿　その一

武富士事件

国際取引が可能で、かつ海の向こうにタックス・ヘイブンが待ち受けている限り、租税負担は逆進的になる、ということはさきに述べた。高額所得者になれば経済的な余裕も生まれるから、専門の税理士や会計士、弁護士をチームで雇って税負担を減らすことができる。その典型が、武富士事件である。この事件は、高額所得者であればタックス・ヘイブンを利用して課税を免れうることを示す実例である。

相続税と贈与税は必ずセットになっている。もし仮に相続税はあるのに贈与税がなければ、相続税の納付を逃れようと、財産をすべて生前贈与してしまう者が出てくるだろう。そのようなことを防ぐために、相続税には必ず贈与税がセットになって付いている。ただし、カナダやシンガポールなど、相続税そのものがない国・地域もある。

いまでは改正されてふさがれているが、日本の相続税法にはかつて、大きなループ・ホールがあった。国外に保有する資産を日本の非居住者に贈与する場合、たとえ相手が日本国籍をもつ者であっても、贈与税はかからないという条項である。武富士事件は、その点を利用したケースである。

この事件では、父親がまず息子を香港に住まわせて、一年だけであるが日本の相続税法上の非居住者としておき、そのうえで日本国外にある資産を贈与した。こうすれば、当時の相続税法では日本の贈与税は課されなかった。しかも香港には相続税も贈与税もないから、息子には税が一切かからないことになる。つまり、二重非課税というわけである。

父親が贈与した資産の総額は明らかにされていないが、国税庁は、香港に居を移していた息子の住所は日本にあると認定することによって、贈与税の課税処分を行った。課税処分額は一五八五億円(うち本税は一三三〇億円)であった。

この事件の裁判は最高裁にまでもつれこんだ。結局、二〇一一年、最高裁の第二小法廷は、息子が日本の居住者ではないことを認めて、国の課税処分を取り消す判決を下した。一五八五億円の贈与税は還付されたほか、四〇〇億円ほどの還付加算金が支払われた。

この事件は、住所の定義という、いわば法の間隙を突いた租税回避であった。第二小法廷の須藤正彦裁判長(弁護士出身)は補足意見において、このような判決を下すことの具体的妥当性について苦衷の意を率直に表明しつつ、国は法の定める範囲を超えて課税できないことを縷々《るる》説明している。

憲法第八四条は租税法律主義を定める。租税法律主義とは、国は法律の定めるところを超えて税を課すことができない、という立憲史上においても極めて重要な地位を占める定めである。この租税法律主義の考え方からすると、いかに具体的妥当性がないことに思われても、このような判決しか下せなかったのである。

租税法律主義による限り、タックス・ヘイブンを利用する租税回避の防止という見地からは、法制度の整備の問題として処理すべきである。実際、相続税法はその後改正され、武富士事件の舞台となったループ・ホールはふさがれている。

フィルム・リース事件ほか

武富士事件は贈与税をめぐる事件であったが、所得税に関する租税回避事件もある。フィルム・リース事件、航空機リース事件、ハリポタ事件などである。

フィルム・リース事件とは、映画会社で制作された映画フィルムが二年間という超短期の償却期間で償却されることを利用した事件である。償却期間が二年であるから、一年目には巨額の償却損が発生することになる。この点を利用して、組合を作り、外国で制作された映画フィルムに投資をするという節税スキームが考案された。当然ながら、映画フィルムに投資をすると一年目には大きな償却損が出る。それを自分の所得にぶつけることで、所得税を大幅に減らすというカラクリである。

この事件で最高裁は、二〇〇六年、所得税法上の減価償却の規定には「事業の用に供するため」という文言があることに着目して、映画フィルムの投資スキームは節税目的であって「事業の用に供するため」ではないとした。言葉の綾のようなところをとらえての文言解釈で課税庁側を勝たせたのである。

航空機リース事件も似たようなスキームであって、こちらの投資の対象は航空機であった。この事件は、高裁の段階で敗訴した国側が上告せず、納税者勝訴が確定している。国側が上告しなかった理由についてはいろいろな憶測が流れているが定説はない。通産省(当時)の国策関係説がある。フィルム・リース事件は課税処分で終わり、航空機リース事件は課税処分がなされないままに終わった。節税と租税回避の境界線を引くことには、かくも難しいものがある。

これら二つの事件に共通しているのは、節税商品を考案して売りに出すと、それを買って所得税負担を減らそうとする高額所得者がいて、たくさん売れるという事実である。筆者もいくつかの事例に鑑定人や代理人として関与したのでよく知っているが、守秘義務があるため述べることができない。

アメリカでは、「タックス・シェルター」といって、節税商品はごく普通に売られている。日本の国税庁に当たるアメリカの内国歳入庁（ＩＲＳ）は、濫用的タックス・シェルターをリスト・アップした上で一定の開示義務を課している。二〇一二年の大統領選では、共和党のロムニー候補が、タックス・シェルターを利用して所得税の実効税率を一三％に引き下げたということで問題になった。

ハリポタ事件とは、ベストセラー小説『ハリー・ポッター』シリーズの日本語版翻訳者が、スイスに転居してスイスの居住者となり、日本法上は非居住者となっていたという事件である。国籍上は日本人であっても日本国の非居住者であれば、法律上は所得税の納税義務がない。この事件では、日スイス租税条約の規定にもとづき、日本とスイスの課税当局の専門部局同士による相互協議が開かれ、この翻訳者は日本国の居住者であるということで決着がついた。

スイスは税負担が軽く、世界中の高額所得者が住まいを移すことで知られる。スイスは二六のカントン（州）からなるが、その中でもツークなど一部のカントンは特に租税負担が軽い。世界的なオペラ歌手ともなると、歌劇場側としても契約をとるのは容易でないが、チューリッヒ歌劇場では有名歌手を揃えた公演をよく行う。そういう歌手たちは、大抵の場合、スイスに住んでいる。チューリッヒ歌劇場のエピソードは、はしなくもスイスがいかに世界中の高額所得者にとって利便性のあるタックス・ヘイブンであるかを物語っている。

UBS事件

UBS事件として知られる事件の顚末は、次のようなものであった。UBSとはユニオン・バンク・オブ・スウィッツァランド、スイスを代表する巨大銀行である。その企業構造は多国籍にわたり複雑を極めていて必ずしもよくわからないが、中核は保険会社であるともいわれる。そのUBSに挑戦したのが、アメリカの内国歳入庁(IRS)である。IRSは世界に名だたる強硬な課税庁で、「IRSが来るよ」と言えば泣く子も黙る。

IRSはアメリカ国内で富裕層をターゲットとする捜査を進めるうちに、ある納税者がUBSに秘密口座を持っていることを突き止めた。「突き止めた」とはいっても、それはある意味当たり前のことで、スイスの銀行に秘密の資金を隠している個人富裕層や犯罪者が多数いることは知らぬ者とてない。

スイスの金融業の繁栄は銀行秘密保護法(スイス銀行法四七条の秘密保護条項)によって支えられている。筆者はかつて、首都ベルンでの日スイス年次金融協議の席上で、この問題について少し触れたことがある。スイスの金融監督当局の興奮した弁明はすさまじい勢いで、弁明というよりは激昂した抗議という感じであった。会議が終わってからも外まで追いかけてきて大声で説明しようとしていた。それだけ危機感があるということなのである。

さて、そのスイスの本丸ともいうべきUBSに攻撃を開始したIRSの武器は、「ジョン・ドウ・サモンズ(John Doe Summons)」であった。ジョン・ドウとは、おもに犯罪捜査で身元不明の死体をいうときの表現で、Doe は牝鹿と同じで「ドウ」と読む。「ドゥー」ではない。サモンズとは召喚状のことで、裁判所が発布する。つまり、ジョン・ドウ・サモンズとは、相手方の身元を特定しない召喚状である。

IRSは二〇〇八年、UBSに対してこのジョン・ドウ・サモンズによって、米国納税者のUBSにおける口座情報の開示を求めた。一国の課税庁が国境を越えて他国の銀行に情報開示を強制するなど、異例中の異例といってよい。このようなことはどこの国にも真似できることではない。というよりむしろ、国際礼譲の観点から主権国家を相手にしてなすべきことではないとされるであろう。しかし、UBSの側では、これに適切に対応しなければアメリカ国内でのビジネスに多大な影響が出る。おまけに従業員まで起訴されてしまった。窮地に立たされたUBSは、小出しに譲歩していくことで事態の収束をはかったが、IRSの追及は強硬で一向に埒があかない。ついには両国の連邦政府も乗り出してきて、二国間の国際問題にまで発展し、最終的には両国政府間で一定の開示についての合意がなされた。

ところが、今度はこれにスイスの裁判所と議会が逆上して、かかる政府間合意の効力は認めないという動きに発展した。スイスの銀行業がスイス経済に占める重さから見れば、これは当然であろう。国家経済の基礎をも揺るがしかねない事柄である。そして、直接民主制ともいえる国民投票制度で著名なスイスであるから、政府間合意を国民投票にかけるかどうかにまで議論が発展してしまった。

ただ、何にしても時期が悪かった。折しも二〇〇八年に初のG20首脳会議が開催され、グローバル・フォーラムがリスト作成の最中で、さすがのスイスも国際世論は無視できない。最終的には、UBSがIRSに対して四四五〇の口座情報を提供することで決着した。しかし、実際にはアメリカはこれにとどまらず、IRSが自主的開示プログラム(voluntary disclosure program)を設け、外国の口座から生ずる未申告所得を自主的に申告すればペナルティを軽減するという措置を講じた。これに応じて自主申告をした者は一万五〇〇〇名に上った。

この事件によって、スイスの悪名高い銀行秘密保護法は、ついに実効性を失ったといわれている。ただし、はたしてそれが本当かどうかはわからない。単に自国の銀行秘密法を売り物にしようとするライバル国が、スイスの足を引っ張ろうとしているだけなのかも知れない。いずれにせよ、アメリカ人は今後、UBSに秘密口座を設けることは避けるであろう。

リヒテンシュタインのLGT事件

二〇〇六年、リヒテンシュタインのLGT事件も地球規模の一大騒動に発展した。リヒテンシュタインがプライベート・バンクによって繁栄していることはすでに述べた。個人富裕層をターゲットに、その資産運用に特化したプライベート・バンクには、当然に租税回避や秘密保護がつきまとう。

リヒテンシュタインのプライベート・バンキング・グループのひとつにLGT(リヒテンシュタイン・グローバル・トラスト)がある。リヒテンシュタインのLGT事件は、そのLGTの社員が顧客の名簿を持ち出して、ドイツの連邦情報局(BND)に売り渡したことに端を発する。その社員がなぜそのようなことをしたのか、またなぜBNDがそのような情報に大金を支払ったのかは、いまなお不明のままである。ただ、BNDは何かを目的とする情報工作活動をしていて、顧客名簿が得られたのはその副産物に過ぎなかったことだけは間違いないであろう。

ともあれ、これによってドイツ人の富裕層がリヒテンシュタインのLGTに隠し持っていた秘密口座が明るみに出てしまった。名簿の中にはドイッチェ・ポストのツムヴィンケル総裁の名前もあり、一大スキャンダルとなった。総裁は辞任に追い込まれた。

ドイツの課税当局がドイツの脱税者を追及したのは当然であるが、さらにドイツ政府はリヒテンシュタインに圧力をかけて、ドイツの納税者がリヒテンシュタインを利用して租税回避することを防止するよう措置を求めた。当然ながらプライベート・バンキングにある秘密口座に関する情報提供がその中心であったであろう。軍事外交の権限をスイスに委ねているような小国のリヒテンシュタインとヨーロッパ・ナンバー1の経済大国ドイツとの交渉である。ドイツがいかに居丈高であったかは想像に難くない。

リヒテンシュタインの皇太子は、このようなドイツによる圧力に悲鳴を上げて、「大国による小国の弱い者いじめだ」と泣かんばかりの抗議をした。新聞によると本当に泣かんばかりであったらしい。リヒテンシュタインがプライベート・バンキングで栄えるタックス・ヘイブンであることはさきに述べたとおりである。国家の命運がかかっていたわけである。

ドイツ自身の税制やその執行は健全であるとしても、周辺には高額所得者にとって魅力的な国々がひかえている。たとえば、隣国オーストリアにも銀行秘密保護法がある。これはナチス・ドイツの苦い経験の遺産で、憲法上の拘束力が背後にあることから、オーストリアは現在もその軛《くびき》から逃れられないでいる。週末ともなると、そのオーストリアの銀行を利用しに行くドイツ人たちの車で、国境地帯の道路は渋滞がひどくなる。およそ勤勉実直なドイツ人のイメージにはそぐわない光景だが、現実のドイツ人はこのようである。

3　やせ細る中間層

強い経済は分厚く健全な中間層から

かつて日本の経済力が強靱であった高度成長期には、分厚く健全な中間所得層が存在した。これは日本に限ったことではない。強い経済の背景には必ず、分厚い中間所得層の存在がある。これは逆にいうと、貧富の格差が激しく、二極分化した社会には、強い経済は望めないということである。日本もいまや、そういう二極分化社会になりつつある。

中間所得層の厚みが、強い経済の必要要素のひとつであることは、簡単に理解することができる。中間所得層が堅実に働いて正当な報酬を得ることができれば、勤労意欲も湧くし、その報酬でGDPの大きな部分を占める消費が増えるから、経済はますます成長する。経済が成長すれば、報酬はさらに増える。消費は増える。経済は成長する。このような好循環が一国経済の強さになるわけである。日本のかつての高度成長期を思い浮かべることができよう。

これに比較すると、発展途上国では、一握りの支配階級が富を独占して、その上それを国外に持ち出して隠匿するから、たとえばODA(政府開発援助)の実効性が半減するということもしばしば起きる。そして、その富の国外への持ち出し先は、言わずと知れたタックス・ヘイブンなのである。

ジニ係数

統計学の世界には、ジニ係数という指標がある。統計数値をもとに、所得分配の状況を示す指標である。ここで図2-1を見ていただきたい。所定の数式(この数式の説明には難しい数学が必要なので他書にゆずる)にもとづいて、社会全体の所得構造を数学的に表現すると、図中のローレンツ曲線という曲線になる。所得が完全に平等に分配されていれば、すなわち貧富の格差がまったくなければ、ローレンツ曲線は四五度線と一致する。ジニ係数とは、ローレンツ曲線が四五度線にどれだけ接近しているかを表す指標である。ジニ係数は0から1までの値をとる。所得分配が完全に平等であれば0となり、完全に不平等であれば1となる。

日本では厚生労働省が、所得再分配調査という調査でジニ係数を三年ごとに公表している。

ＯＥＣＤも『ファクトブック』という毎年の定期刊行物でジニ係数の国際比較を行っている（図2-2）。それによると、ＯＥＣＤの各国の中で、日本のジニ係数は中間的な位置を占めている。すなわち、日本における所得分配は中程度に平等という、一見すると穏やかな結果になっている。

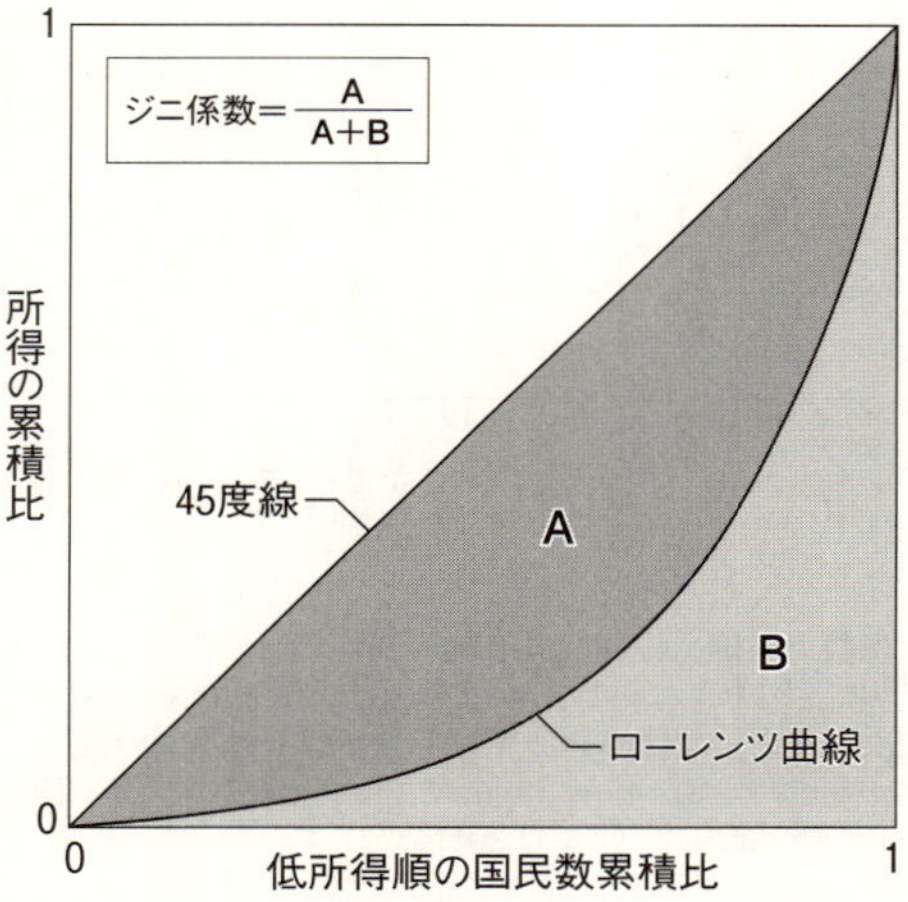

図2-1　ジニ係数とローレンツ曲線
ジニ係数はローレンツ曲線が45度線にどれだけ接近しているかを示す数値．所得分配が完全に不平等であればジニ係数は1となり，完全に平等であれば0となる．図中のA，Bは面積

しかしながら、これはあくまでも公表データにもとづく結果である。公表データの裏側に隠れている現状は考慮されていない。その現状を正確に把握することは困難だが、もし仮にそれも含めて考えることが可能ならば、おそらく日本の所得分配はかなり大きな不平等をかかえている結果になると思われる。序章で述べたとおりである。

新自由主義による経済理論が、経

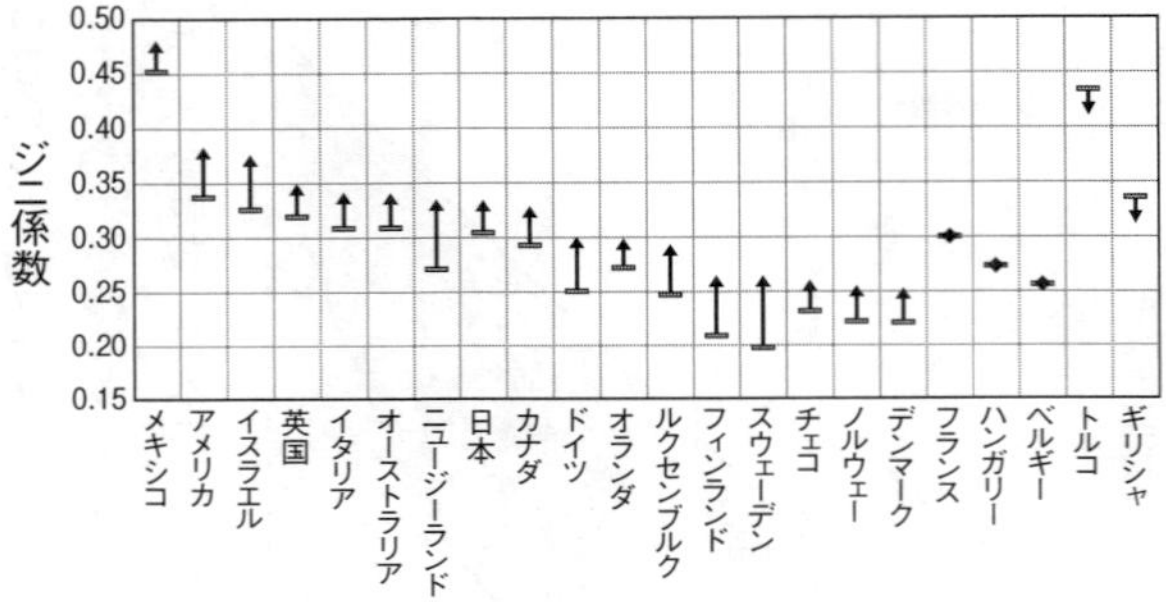

図 2-2　ジニ係数の国際比較(2008 年時)
▭は 1985 年時の各国のジニ係数．▲は係数が上昇した国の値，◆は係数が変わらなかった国の値，▼は係数が低下した国の値．
出典：An Overview of Growing Income Inequalities in OECD Countries: Main Findings. © OECD 2011

済的自由への政府の介入に異議を唱えるようになって以来、所得分配の不平等を是正しようという動機付けがともすれば失われる傾向にある。したがって、世界的にみて所得分配の格差は拡大しているといえる。政府が何もしなければ、富める者はますます富むし、貧しい者はますます貧しくなっていくからである。こうして、かつて日本経済の屋台骨を支えていた中間所得層は切り崩され、やせ細り、ひいてはそれが経済力を低下させていくことになるのである。

ゆらぐ財政基盤

その傾向に拍車をかけているのが、タックス・ヘイブンを介した高額所得者の租税回避・脱税である。ここで序章に掲げた日本の所得税負担率の

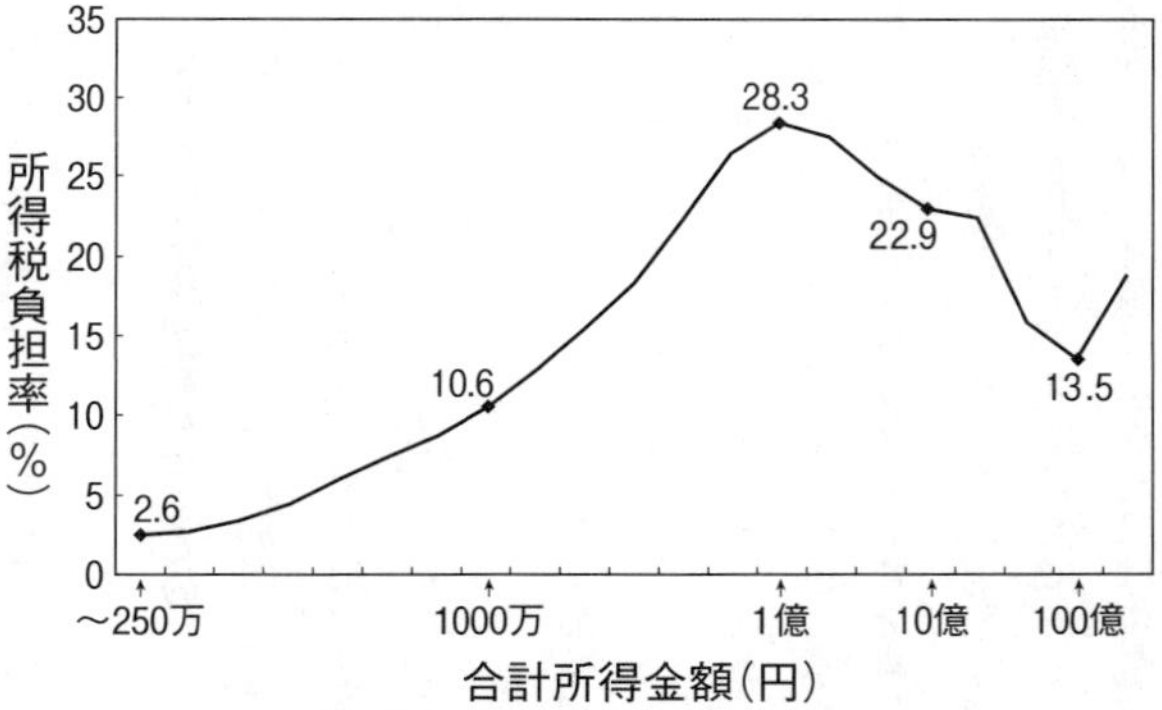

図 2-3　申告納税者の所得税負担率(平成 22 年度)
図序-1 の再掲．出典：平成 22 年 10 月 21 日政府税制調査会専門家委員会提出資料

グラフを再掲しよう(図2-3)。所得総額が一億円になるのを境に、負担が急激に落ちていくのがはっきりと見て取れる。

序章でも述べたが、注意すべきは、この租税負担率はあくまで、国税庁が把握している限りでの所得にもとづいていることである。実際には、把握できていない所得が相当な額に上ると考えられている。したがって、この曲線は現実には、もっと大きく急激に落ち込んでいると考えなくてはならない。

さきほど示したジニ係数が実態を反映していないと考えるべきであるのは、このように、本来ならば日本の国庫に入るべき莫大な額の所得税が、どこか別のところへ逃げていってしまっているからである。税負担の公平性を損なう行為によって国の財政基盤が突き崩されているのである。

富裕層の租税回避が招くもの

国家経済のうちで公共部門(あるいは政府部門)といわれる部門は、どのような国家であっても一定レベル以上の公共サービスを提供している。たとえ夜警国家といわれるような「小さな政府」であったとしても、市民の安全を守るために夜警程度の公共サービスは提供しなければならない。

二一世紀になって、国家が福祉国家となり、福祉サービスを手厚く提供するようになれば、公共部門はますます肥大する。公共部門の肥大を避けるために福祉国家ではないようにすると、どのようなことになるであろうか。現在のアメリカのように、国民皆保険という日本では当たり前の公共サービスすら提供できない社会ができあがる。二〇一二年の大統領選で共和党のロムニー候補が指名したライアン副大統領候補は、とりわけ「小さな政府」論者であった。

アメリカ式の「小さな政府」が日本で受け入れられるとは思われない。いま日本には、一定規模の公共サービスが必要であるという国民的合意がある。その一定規模の公共部門の支出を賄うための財源は基本的には税金でなければならないが、税収が減りつつあるなか、公共支出にかけられる財源には自ずと限りがある。国債も財源としてありうるが、負担が後世代にまわってしまう。

このように公共支出に限りがある状況の下で、高額所得者が税金対策を講じて、課税を免れている。そのしわ寄せはどこに来るであろうか。中間所得者層である。もっとひどい状態になれば低所得者層にも税負担増と福祉の減退というしわ寄せがくる。富裕層の税金が逃げたあとで割を食うのは、まじめに税金を払っている中間所得者層と低所得者層である。中間所得者層と低所得者層は、富裕層のように、タックス・ヘイブンに所得や資産を逃して税を免れるという方法をとることができないからである。

では、どうすればよいのか。たとえば、アメリカ流のシティズンシップ課税という方法がある。シティズンシップ課税は、居住性に着目することなく、国籍ベースで所得課税をする仕組みである。また、国外に移住するときには出国税（第6章で詳述）というものが課税されて、出国による課税逃れを防ぐ税制もアメリカをはじめいくつかの国にある。

さらに、アメリカではＦＡＴＣＡ（外国口座税務コンプライアンス法）が成立し、二〇一三年一月から施行された。この法律によればアメリカの管轄権が及ばない外国金融機関（ＦＦＩ）であってもＩＲＳと契約を結んでアメリカ人の口座を報告しなければならない。契約を締結しなければ三〇%の源泉徴収税というペナルティが待っているドラスティックな仕組みである。日本でもこれにならったのか、二〇一二年に国外財産調書制度が導入された。また、自主開示制度も多数の国で試みられている。典型はUBS事件のところで述べたような自主開示制度であって、自主的に報告すればペナルティや罰則の軽減が認められるというものである。

望ましい税制とその執行可能性の問題

現在、日本の財政は先進国でも最悪の状況にある。仮に消費税率を二〇%に引き上げても財政のプライマリー・バランスを回復するには至らない。

所得税と消費税とでは公共経済学の見地から理論的に優れているのはどちらであろうか。価値判断の領域に属するから確言はできないが、個人の担税力の指標という観点からは所得が最適であって、所得税を基幹税とするべきであろう。

しかしながら、現実的には、所得税を基幹税とすることはなかなか難しい。累進的な所得税制が敷かれれば、個人またはその所得の源泉は国外に移動して、日本国の課税権の枠の外に逃れてしまうからである。経済がグローバル化して資金は国境を越えて簡易・迅速に動けるにもかかわらず、課税権は国境を越えると有効には及ばない。そして、海外にはタックス・ヘイブンが口を開けて待っている。これでは、所得税を基幹税として選択することはできない。

ＯＥＣＤは純資産一〇〇万米ドル以上の者を富裕層と定義して統計を発表している。ワイマンという専門家のレポートでは、欧米の富裕層がタックス・ヘイブンに資産を保有している割合は一六％と推計されており、スイス、チャンネル諸島、カリブ海諸国などが挙げられている。ただし、データの信頼度の問題と、不動産の資産価値を除外して流動性のある金融資産に焦点をあてれば、この程度の割合では現実的な推計とはいえないであろう。

所得税制の復権をいうのであれば、逃げる富裕層を止める具体策を示さなければならない。その具体的提言なしに所得税の復権をいうのであれば、それはグローバル・エコノミーについて思いを巡らせたことがないか、無責任な放言であるかのどちらかになってしまう。

第3章　逃がす企業

1　国境を越えた租税回避の問題

租税回避

節税・租税回避・脱税の区分とは何かについてはさきに述べた。節税は非難されるところがない納税者の工夫である。脱税は悪質なもので、課税当局による処分の対象となるし、場合によっては刑事処罰の対象となる。租税回避は節税と脱税の間にある税金逃れのスキームであるが、節税と租税回避の境界は微妙なものがあって、法律で明確に定めておかないと課税当局の判断だけでは結論を出せないものである。

直接税の痛税感

さて、納税するときにはキャッシュの支払いがあるわけだから、そのときに感じる負担感を痛みととらえて「痛税感」と表現する。直接税とは、納税者が自分で直接納税して、その税額は自分で負担する租税をいう。所得税や法人税などは直接税である。直接税は自分で納税するから痛税感をともなう。これに対して間接税とは、納税者は納税をするけれども、その負担は取引の相手方に転嫁することが予定されている租税である。EUの付加価値税や、その一種である日本の消費税は間接税である。酒税も同様に間接税である。間接税は自分で直接納税するわけではないので、相対的に痛税感が少ない。

直接税は、民主主義が高度に発達している国でなければ機能しない。自分たちが払う税金は自分たちのために使われているという納税者意識がなければ痛税感は耐え難くなり、租税回避や脱税が横行してしまうからである。ラテン系の国々では、脱税がスポーツ感覚でなされる傾向にあるので、所得税や法人税のような直接税はなかなかうまく機能しない。EUの基幹税として付加価値税が選ばれたのもゆえなしとしないところである。ただし、最近ではEUの付加価値税の税率が一五％ないし二五％と高くなっているので、付加価値税の脱税がEU各国の大問題になっている。

ラテン系諸国とは対照的に、アングロ・サクソン系の国々では、痛税感をともなう所得税や法人税のような直接税がなじむという。マグナ・カルタや、ボストン茶会事件などが民主主義の発展に寄与した歴史があるからであろう。少なくともひと昔前には、そのように言われていた。

アメリカにおける企業の租税回避

しかしながら、一九六〇年代ころから必ずしもそうとはいえない状況が目立ってきている。とくに、アメリカの企業に租税負担をできるだけ少なくしようという動きが目立つのである。

その理由のひとつとして、一般の大衆株主や年金基金などの機関投資家には、企業に短期的な業績を上げさせ毎期に多額の配当を求める傾向が強いことがあげられる。日本では株式の持ち合いが通常で、「もの言わぬ株主」が主流だった時代がある。アメリカの株主は、それとは異なる「もの言う株主」だということである。「もの言う株主」への対応によってコストの削減を強いられる中で、法人所得税も削減すべきコストの一部としかみなされないようになっていったのである。

また、経済のグローバル化とともに、企業のクロスボーダーの取引(国境をまたぐ取引)が増えて、それが多国籍企業の発展につながったことも大きな理由としてあげられなくてはならない。現在では、国際貿易に占める多国籍企業の企業内取引の割合は、三分の二に上るとさえいわれている。これは移転価格税制(後述)の専門家の間での実際感覚である。

このような状況であるとすると、多国籍企業が企業内取引を利用して租税回避を図るケースが増えたとしても不思議ではない。実際、アメリカの法人所得税収が全税収に占める割合は一〇％でしかない。

これを可能にするのは、企業会計と税務会計とが、日本の確定決算主義のように固く結び付いていないことによる。そうすると、大きな利益を上げてたっぷりと配当をしているにもかかわらず、法人税納付額がほとんどない、などということが起こる。このような事情の下、多国籍企業による租税回避を防ぐ狙いから、移転価格税制やタックス・ヘイブン対策税制のような税制が発明されていったのである。これらは本章で詳しく述べる。

近年では、日本においても、アメリカで学んだ租税回避のテクノロジーを輸入して真似をするようになってきている。日本にはアメリカの多国籍企業の支社が多数あり、日本の企業の多国籍企業化も進んでいるうえ、アメリカのビジネス・スクールに留学した経験をもつタックス・コンサルタントも多数活躍しているためである。

日本からのケイマン諸島に対する直接投資の額が、アメリカ、オランダに次いで第三位であるといった統計数値は、日本企業による国際的租税回避がはなはだ盛んであることの証左である。

2　タックス・ヘイブン事件簿　その二

オウブンシャ・ホールディング事件

オウブンシャ・ホールディング事件は、出版社の旺文社(現オウブンシャ・ホールディング)がオランダに一〇〇%子会社のアトランティック社を設立したことに端を発した事件である。旺文社からアトランティック社への出資の内容は、巨額の含み益のあるテレビ朝日等の株式であった。含み益とは株式が値上がりして最初の値段を超えている増加した価値の部分である。株式の譲渡などの取引がなされれば、それをきっかけとして含み益に課税がなされるというのが法人税法の仕組みである。

さて、この出資によって、旺文社が持つテレビ朝日等の株式は、「旺文社が持つアトランティック社の株式」に振り替わったわけである。出資を受けたアトランティック社は、引き続いて新株発行を決議して、同じくオランダにある旺文社の関連会社であるアスカファンド社に異常に有利な第三者割当増資を行った。これによって、日本の課税当局は前記の株式の含み益に対する課税の機会を失う結果となり、旺文社は多額の法人税の納付を免れることになった。

ここで「課税の機会を失う」と述べたが、その背景にあるからくりは複雑であって、説明はかなり難しいものになる。

ポイントは第三者割当増資である。第三者割当増資においては、新株を発行して資本を増強する際、既存の株主(この場合は旺文社)以外の株主(この場合はアスカファンド社。それで第三者という)に有利な価格で割当てをすることがある。そのような場合、株式の総数が増えるので、既存の株主が持つ株式の一株あたりの価値が減ってしまう(これを「株式価値の希釈化」という)。こうした第三者割当増資によって、旺文社が持つアトランティック社の株式価値は激減する一方、アトランティック社の株式価値のほとんどはアスカファンド社が保有することとなった。

本来であれば日本の課税当局は、テレビ朝日等の株式の多額の含み益については、旺文社が株式の譲渡などを行えば課税する権限があった。ところが、このような形で含み益のほとんどがオランダ法人のアスカファンド社に海外で移転してしまったので、日本の課税当局は課税する機会を失ったわけである。なお、オランダではこのような取引には課税がなされない仕組みとなっている。

課税当局は、旺文社がアスカファンド社に対して寄付金をしたという論理構成で課税処分を行った。更正処分によって新たに納付することになった税額は九三億円、過少申告加算税は一三億円であった。この処分に対して旺文社が不服を申し立てたために法廷闘争となり、最終的には最高裁まで上がった。二〇〇六年、最高裁の藤田宙靖裁判長(学者出身)は、法人税法二二条二項による無償の資産の譲渡の規定の適用を認めて、破棄差戻し判決で納税者を敗訴させた。

このような租税回避が可能となるのは、企業が国際取引を利用して租税法の裏をかくからである。課税当局は、法廷闘争とは別に、今後はこのような形での租税回避が行われないように法人税法五一条を廃止するという一大法改正を行った。この法改正は要するに、企業が持つ何らかの含み益が海外に移転されて、日本の課税当局の課税権限が及ばなくなることを防ぐという趣旨である。これに限らず、この事件以降は、何らかの含み益が海外に出て課税当局の課税権限が及ばなくなる事態を起こさない形で法改正を行う方針が定着している。

外国税額控除余裕枠事件

旧大和銀行と旧三和銀行ほか一行の外国税額控除余裕枠事件を説明するには、あらかじめ外国税額控除制度についての若干の説明がいる。日本の居住者や内国法人が外国に出て行ってお金を稼ぐと、日本の税法では、そうした国外源泉所得に対しても課税することになっている。これを「全世界所得課税方式」という。日米英がとる方式である。一方、これとは反対に、国外源泉所得には課税しない課税方式を「国外所得免除方式」という。すでに見たようなオランダなどのヨーロッパ諸国は、国外所得免除方式の国の典型である。

日本のように全世界所得課税方式をとると、国外源泉所得については日本からも課税を受けるし、外国からも課税を受けることになる。つまり、国際的二重課税である。放っておけば税負担は不当に重いものになり、利益はほとんど税金で持っていかれてしまうだろう。このようなことでは、貿易障壁をできるだけなくして貿易自由化を促進するという、ＧＡＴＴからＷＴＯに引き継がれた強固な国際合意に反することになる。そこで、すでに支払い済みの外国税額は、税額控除をして加重負担をなくすことになっている。それが、外国税額控除制度である。

この制度を「政府による恩恵的措置」と位置づける鑑定意見書を書いた東京大学の租税法の教授がいるが、それはまったくの考え違いである。二重課税を排除しなければならないことは国際的合意事項であって、政府による恩恵的措置などではありえない。政府は国際租税法上、外国税額控除による二重課税排除を義務づけられているのである。このことは最高裁も暗黙のうちに認めていて「政府による恩恵的措置」説についてふれることはない。ところが、課税当局はいまだに「政府による恩恵的措置」説をとって課税処分を行っている。これは愚かなことであると言わなければならない。

それはさておき、この外国税額控除制度は仕組みが複雑なため、ある程度の概算にもとづき控除限度額を設定し、税額控除の頭打ちをする。この限度額は概算に過ぎないから、場合によっては税額控除の枠に余裕が出ることがある。三銀行のうちの一行の例をとると、その余裕枠を利用して、シンガポール支店を使った節税スキームを作った。

このからくりも複雑であるが、要するに、ニュージーランドの旧属領であるクック諸島というタックス・ヘイブンにある貸付金利子に対する一五％の源泉税を免れるためのスキームである。ここでは、同じくタックス・ヘイブンであるシンガポールに源泉税がないことを利用する。第三国間の取引の間に自行のシンガポール支店を割り込ませて、自行の外国税額控除の余裕枠でクック諸島の源泉税の肩代わりをしてやって、取引相手の税負担を減らすのである。

この事件で銀行は、自分が納めるべき税金の総額を減らしたわけではない。タックス・ヘイブンを舞台に税金を操作して、本来なら日本の国庫に納付するはずの税金(この銀行の場合では一五億円ほど)を、クック諸島に納付しただけのことである。ただ、その過程で他国の納税者の納税義務を免れさせて、自分はその手数料としていくばくかを稼いだとされている。

当然、銀行は利益を上げているわけだが、本来であれば日本の国庫に入ってくるはずの税金一五億円が外国税額控除として使われているから、日本の国庫から見れば法人税額は減収となっている。企業がタックス・ヘイブンを利用して金を稼ぐとは、このように複雑なスキームなのである。

さて、これを考案した人間もなかなか知恵をこらしているので、課税当局も感嘆したようである。結局、最高裁もこのスキームに関して課税すべき法律の規定を見つけられなかった。そこで最高裁は二〇〇五年、日本の銀行がしたことは外国税額控除制度の濫用であるとして課税処分を認める判決を下した。多額の国費(国民の税金)を投入して救済された日本の金融機関が、手数料稼ぎのために国庫に納付すべき税金を他国に納付するなど許されるべきではない、というのが判決の真の理由であったらしい。租税法律主義には違反する判決であると考えるべきである。

ただ、武富士事件の判決などとは正反対の結論になっていて、最高裁が本当のところ租税法律主義について何をどう考えているのかは疑問が残ってしまう。国際的租税回避とはかくも複雑で、最高裁といえども判断には迷いに迷って一貫していないということであろう。なお、国は、法人税法六九条一項かっこ書きの追加等の法改正によって、このような余裕枠を利用する道をふさいでいる。

また、余談になるが、平成二一年度(二〇〇九年度)の税制改正によって、外国子会社配当益金不算入方式が導入された。これで法人税の世界にも国外所得免除方式が取り入れられることになった。日本の国際課税の立法政策の歴史から見ると大きなギアチェンジである。英国も同じ年に外国子会社配当益金不算入に類似する改正を導入した。

オリンパス事件、AIJ事件

租税回避の反対の行為が「粉飾」である。二〇一一年に発覚したオリンパス事件は、簡単にいえば、経営陣が財テクをやって大穴を空けたという事件である。その損失はバブル期に始めた投資によるものらしいが、負債を隠ぺいするために「飛ばし」と呼ばれるテクニックを使っていた。

「飛ばし」とは、負債がないように見せかける偽装行為で、バブル後の金融機関で多用されたバランス・シートのお化粧の手法である。バブル後の日本の金融機関は、決算の際に債務超過ではないように見せかけるために、外資系金融機関の助けを借りてタックス・ヘイブンに不良債権を付け替えていた。その方法は単純なもので、期末に不良債権を簿価で買ってもらい、決算が済むと買い戻すのである。外資系金融機関はたんまりと報酬をもらい、日本の金融機関はその分だけさらに疲弊した。

オリンパスは、タックス・ヘイブンもからむ国境を越える取引を行って、多額の収入が上がっているように偽装していた。この飛ばしの手法はごく普通のもので、それほど手が込んだものではない。それにもかかわらず長らく露見しないでいたわけだが、外国人社長がコーポレート・ガバナンスを問題にしたことから徐々に明らかになっていって、東京地検特捜部による強制捜査へと発展した。捜査の過程で、仲介役の元証券マンがケイマン諸島に設立した会社が資金の受け入れ先になっていたことが判明した。タックス・ヘイブンは、こういう後ろ暗い取引には必ず顔を出すのである。

もうひとつ、二〇一二年に明るみに出たＡＩＪ投資顧問事件についても触れる。ＡＩＪ投資顧問は運用実績に苦しむ企業の年金基金に高いリターンを保証して資産運用を請け負っていた。ところが実際には、ＡＩＪはおよそ資産運用と呼べるようなことは行っておらず、新しい投資家を見つけては資金を拠出させ、その資金を前の投資家に投資収益として分配するということを繰り返していた。これは俗に「ねずみ講」と言われる手口そのものである。ポンジーというアメリカ人詐欺師にちなんで、ポンジー・スキームともいう。

ＡＩＪが右から左へと転がしていた資金は、そのほとんどすべてが消失した。一部報道によると、ＡＩＪがケイマン諸島に設立したファンドを通じて香港の外資系金融機関へ流れていったという。明らかなのは、企業の社員たちの積み立てた年金資金が跡形もなく消え失せたという事実だけである。ＡＩＪの企業としての構造に現れるタックス・ヘイブンは、ＢＶＩ、ケイマン、香港である。

ねずみ講は、無限に投資家が現れるならば成り立つ手法である。しかし、次から次へと無限に投資家が現れるわけはない。結局どこかで資金繰りに行き詰まり、最後は破綻するのである。たとえば、カジノに行って、ルーレットで赤と黒とのどちらか一方だけに賭けることに決める。確率論からいえば、この賭けの勝率は五〇％だから、いくら負けても賭けつづければいつかは必ず勝てる時が来る。そこで、負けたら掛け金を倍にして、さらに賭けをつづけることにする。そうすれば、いつかは勝って巨額の勝ち金が入ってくるはずである。しかし、この掛け金倍々戦術は現実には成り立たない。理由は簡単である。手元の資金が無限にあるわけではなく、どこかで手金がゼロになるからである。

マネー・ゲームの本質的欠陥は、使用している金融工学理論の様々なところに、「無限」という数学的概念が組み込まれていることである。ところが、数学の世界では成り立つ無限の概念も、現実の世界では成り立たない。投資家も資金も決して無限ではない。マネー・ゲームが危険であることは、ねずみ講やルーレットが危険であることと同じなのである。

ＡＩＪ事件のもうひとつの教訓は、経済的に苦しくなると、ついハイ・リターンに目が行くという人間心理である。うまい話には必ず裏がある。堅い話であれば、とんでもないリターンがついてくるはずがない。普通なら危ないとわかって避けることに、つい目が行ってしまうのである。

さらに悪いのは、たとえ苦しくなくてもハイ・リターンに目が向くという人間心理である。この心理は、ヘッジ・ファンドがうごめくマネー・ゲームでの大きな特色である。大きなリターンを追い求めるから、堅実な実物生産の投資になど目もくれず、投機的マネー・ゲームにひた走るわけである。その結果として、頻繁に金融危機が起きる。その巻き添えで倒産する会社が大量に出る。それを救済するために中央銀行がマネーを大量に供給する。そうしてますますマネー・ゲームに走る資金が潤沢になる……という悪循環が途切れることなく続くのである。

途上国全体が被害を受けるケースも出る。一九九七年のアジア通貨危機などはその典型例である。タイ、インドネシア、韓国と、繁栄を謳歌していた諸国が次々とＩＭＦの管理下に入った。

3　タックス・ヘイブン対策税制

以上のような、まさに「事件」といえるケースもある一方で、企業、なかでも多国籍企業はごく日常的に、国境を越えた取引を通じて租税回避をすることが可能である。国際租税法の世界では、そうした国際的な租税回避を法律的に防ぐ制度として、

①タックス・ヘイブン対策税制
②移転価格税制
③過少資本税制

の三つの制度の柱がある。

これらのうち、③の過少資本税制はそれほど大きなインパクトをもつことはない。日本における過少資本税制の導入の担当官であった筆者が言うのだから間違いない。

一応、簡単に説明しておくと、利子の支払いであれば損金になるのに、配当であれば税引き後利益からの支払いとなるから損金とはならない。日本に子会社を設立してビジネスを展開する多国籍企業は多数あるが、このような課税上の差異を利用して、日本での納税額を減らそう

とする会社も多い。そういう多国籍企業に対して、出資と貸付金のバランスが一対三を超えた場合には貸付金利子の損金算入を認めないとするものが、過少資本税制である。この税制が十分に機能しないので、二〇一二年度において過大支払利子税制が創設された。

過少資本税制はともかくとして、タックス・ヘイブン対策税制と移転価格税制の二つは重要である。なぜなら、多国籍企業による合法的な租税回避という見過ごせない実態があり、かつその適用による課税処分が巨額にのぼる可能性があるからである。ここからは、この二つの制度について解説する。

タックス・ヘイブンを利用する租税負担ゼロのからくり

図３-１はタックス・ヘイブン対策税制とは何かを説明するための図である。

タックス・ヘイブンを利用しない取引が上図である。日本企業がA国企業に一〇〇万円の貸付けをして、二〇万円の利子を得たとする。この場合、日本企業は所得が二〇万円あることになって、仮に実効税率を四〇％とすれば、八万円の法人税を国庫に納付することになる。

一方、タックス・ヘイブンを利用する取引が下図である。図の下側には、タックス・ヘイブンに設立した日本企業の子会社がある。出資金は一〇〇万円であるとする。ここで、日本企業

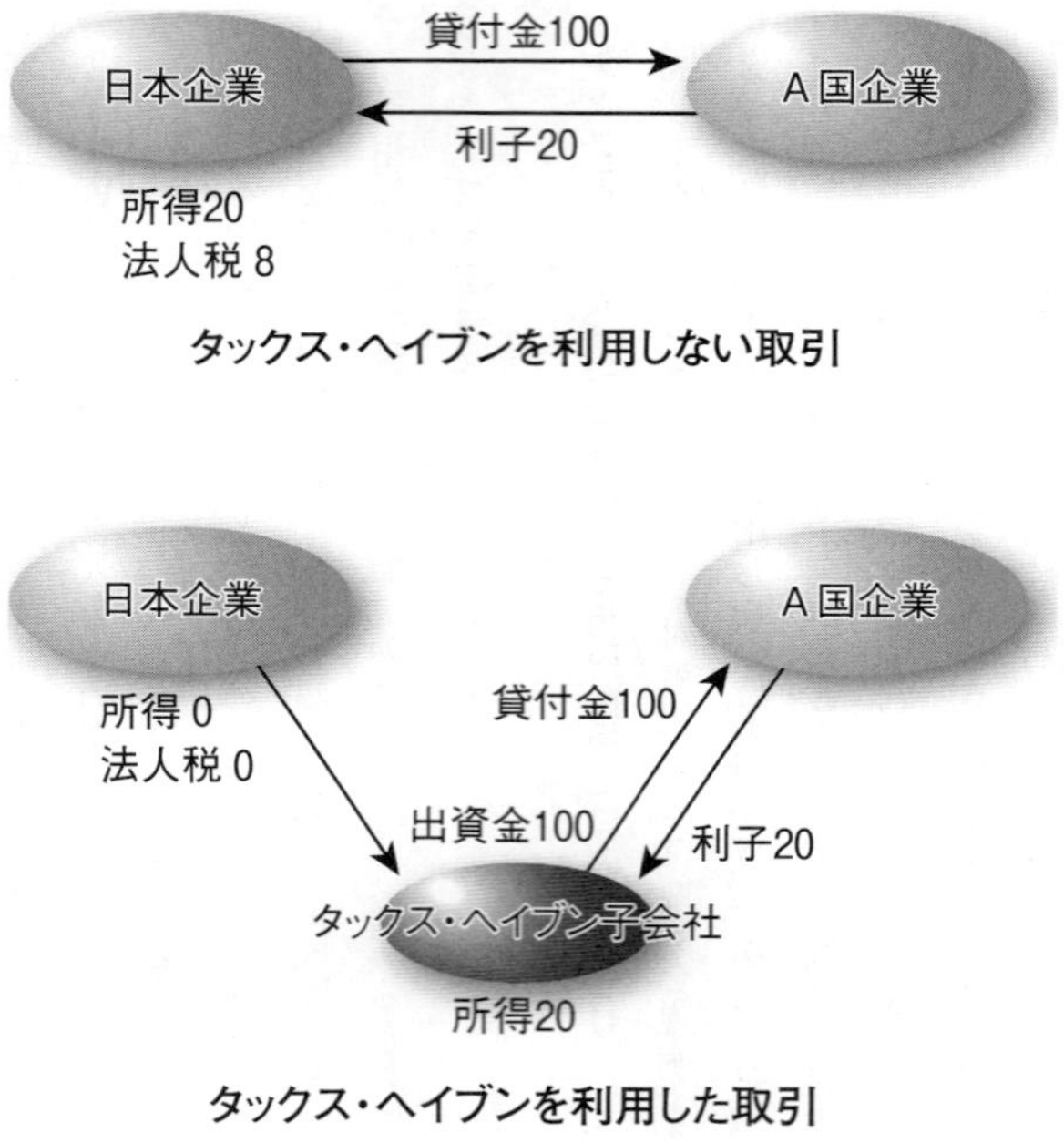

図 3-1　タックス・ヘイブン対策税制の仕組み
財務省ホームページの図をもとに一部改変して作成．単位万円

はA国企業への一〇〇万円の貸付けを自社でするのではなく、タックス・ヘイブン子会社への出資金一〇〇万円を使ってそれを貸し付ける。この貸付けによって利子が二〇万円発生するが、日本企業はそれを直接受け取るわけではない。貸し付けたタックス・ヘイブン子会社が受け取るのである。そしてこの二〇万円をタックス・ヘイブン子会社に留保しておく。このよ

うな仕組みをとると、この取引に関して日本企業は所得がないわけだから、課税されないですむ。子会社の方も、タックス・ヘイブンに税制がないことから租税負担がない。しかも、親会社から子会社への出資は資本取引に当たるから、この場合、日本企業は課税されない。

結局、上図と下図は、実質的には同じ経済取引であるにもかかわらず、タックス・ヘイブンを利用すると日本企業は租税負担をゼロにできる。あるいは少なくとも、タックス・ヘイブン子会社から配当を受け取るまでは、税金の支払いを遅らせることができる。このように税金の支払いを遅らせる節税法を、とくに「課税繰延べ」(タックス・デファーラル)と呼んでいる。

なお、日本では配当を受け取らないで、租税負担の少ない別の国・地域でのビジネス展開に使うことも可能なわけで、その場合、日本国の課税権はなかば永久に失われる。

タックス・ヘイブン対策税制の発明

このような租税回避の方法が発明されたのはアメリカである。第二次大戦後の国際貿易の発展にともなって、アメリカではこのような租税回避が横行しはじめ、財政収入の観点から無視しがたくなってきた。違法ではないとしても、実質的には節税の範囲を超える租税回避であって、税負担の公平という見地からも明らかに問題がある。そこで、タックス・ヘイブン対策税制というものが導入された。アメリカの経済力が他を圧倒していた一九六二年のことである。

アメリカでは企業会計と税務会計が乖離しているから、企業会計という観点からは莫大な利益を上げていながら、法人所得税はほとんど納めないということが可能になる。とくに上院は、アメリカ市場に外国企業が進出してきて利益を上げながら、税金を落としていかないことに激怒していた。

余談になるが、確定決算主義をとる日本ではかつて、アメリカのような企業会計と税務会計の乖離の問題はあまり考えられないことであった。日本では企業会計と会社法と税法の三者ががっちりとかみ合っていて、「鉄のトライアングル」と呼ばれていたのである(ただし本当は、「鉄のトライアングル」というより「税法の支配」という方が正しく、他の二つは税法に追随しなければならないのが実情であったのだが)。

それが、二〇〇一年の金庫株の解禁をきっかけとして、会社法と税法との整合性をとらない方向での立法が目立ってきた。そして、企業結合会計が導入されたあたりから、会社法と税法の乖離が明らかになった。他方、会社法と企業会計とは平仄をとるようになってきた。つまり、事実上、「鉄のトライアングル」の時代は終わりを告げているのである。

しかしながら、会社計算規則が企業会計に合わせて規定されていて、会社法にはまったく書いてないような規定が平気で並んでいるのには驚くべきものがある。法務省民事局は、委任立法の憲法的縛りということはあまり気にかけないようである。

さて、話を戻すと、タックス・ヘイブン対策税制の基本的な考え方は、タックス・ヘイブン子会社に留保されている所得のうちの一部を、本国の親会社の所得にカウントして課税するというものである。こうすれば、取引が図3-1の上図のケースであっても下図のケースであっても、本国の親会社はほぼ同じ税負担を負うことになる。アメリカでは、合算対象になるタックス・ヘイブン子会社の留保利益のことをサブパートFインカムと呼んでいる。内国歳入法典のサブパートF条項に規定されていることから、この呼び名がある。

なお、日本では慣用的に「タックス・ヘイブン対策税制」と呼ばれているが、この呼び名は必ずしも適切ではない。諸外国のように「CFC税制」と呼ぶ方がよいし、その方が各国に説明する際にも話が早い。CFCとは、英語の Controlled Foreign Company の頭文字である。

タックス・ヘイブン対策税制は、必ずしもタックス・ヘイブンに限らず、税負担の低い外国に子会社を置くことを通じた租税回避に対して目を光らせる税制なのである。したがって、名称としては、CFC税制と呼ぶ方が適切である。

日本のタックス・ヘイブン対策税制

日本にタックス・ヘイブン対策税制(以降、CFC税制と書く)が導入されたのは、一九七八年のことである。筆者はこのころ、大蔵省主税局調査課の外国調査係長として、アメリカの内国歳入法典のサブパートF条項についての研究と報告を行っていた。

当時の立法担当者の著した『タックス・ヘイブン対策税制の解説』という著書は、執筆者がエコノミストであり、必ずしも内外の税制に精通しているとは言えなかったから、同著によって立法趣旨を憶測することは必ずしも適当ではない。歴史的資料としてはどうであろうかと思われる部分もある。ここでは、実際に調査に当たった筆者の研究結果にもとづいて述べる。

日本のCFC税制は、当初はブラックリスト方式をとっていた。ブラックリスト方式とは、タックス・ヘイブンと考えられる国・地域を直接にリストアップして、そこにある子会社にCFC税制を適用するという方式である。

ただし、課税当局にとってブラックリスト方式は多大な負担を強いられる。タックス・ヘイブン候補の各国・各地域の税制を逐一調査しなければならないし、また、リストに挙げた国・地域に対する外交的配慮も必要になるからである。

このため、一〇年もしないうちにブラックリスト方式は行き詰まりを見せはじめた。そこで、平成四年度(一九九二年度)の税制改正で大きく舵を切って、それまでのブラックリスト方式を改めた。当時、国際租税課長であった筆者は、担当官として大改正を行って、①無税国であるか、②実効税率が二五％(現在は二〇％)以下であるかのいずれかによって判断するという方式に変更した。この②の実効税率をトリガー税率という。

①は簡単で、法人課税がないと認定された国・地域であれば無条件に適用される。たとえば、パナマが典型である。課税当局は、ガーンジーも無税国であるとして損保会社にタックス・ヘイブン課税をしたが、筆者がガーンジーの税制を調べて鑑定意見書を書いたら、最高裁で大逆転の納税者勝訴となった。これを「ガーンジー島タックス・ヘイブン事件」という。

②は少し難しい。子会社ごとに、かつ課税年度ごとに判断することになるため、同じ子会社であってもその年その年で適用を受けたり受けなかったりする。さらに、タックス・ヘイブンではない国・地域に子会社を置く場合であっても、ＣＦＣ税制の適用を受ける場合が生じうる。

このように、タックス・ヘイブンではない国・地域にある子会社であっても適用対象となりうることから、「ＣＦＣ税制」という呼称の方が適切であることがわかるだろう。当局は現在、特定外国子会社合算税制という、一見何のことだかわからない名前で統一している。

それはさておき、いま述べたような判断方式は、子会社ごとに丸ごと適用するかしないかになるため、「エンティティ方式」と呼ばれる。これに対してアメリカの方式は、むしろ所得の性格に着目していることから「テインテッド・インカム方式」と呼ばれる。日本のCFC税制は、二〇一〇年度に、テインテッド・インカム方式を一部取り込むことにした。

その背景には、二〇〇九年度に外国子会社配当益金不算入方式が導入されたために、課税繰延べ（タックス・デファーラル）の防止がCFC税制の政策目的から除外されたことがある。この意味では、日本のCFC税制は、国際的租税回避の防止という目的に純化されて、質的な変化を遂げているのである。

ただし、日本のCFC税制の有効性については疑義が呈されている。本来なら課税されるべき取引に適用されていない一方で、香港をベースにする来料加工貿易のように、実際の必要があって香港に進出している企業に適用するなど、目にあまる課税もなされている。裁判所もよく制度を理解できていないので、このような課税を容認する判決を書いているとしか思われない。

結局は、課税当局も裁判所も、国際租税の原理はおろか、英語さえもわからずに課税を行っているということである。貿易で立国しているわが国において、所得を稼いでくれている企業をこのようなかたちで法の趣旨に背いてバッシングするのは、国策として賢明ではないと言わざるをえない。

4　移転価格税制

CFC税制は重要な税制であるが、二〇一三年現在、各国の多国籍企業を震撼させているのは、移転価格税制である。

移転価格税制とは

移転価格税制は、CFC税制と同様に、国・地域の間で利益の付け替えを行うことによって租税負担の軽減を図ろうとする租税回避行為を防ぐための制度である。移転価格税制もアメリカによって一九五四年に発明されて、日本では一九八六年に導入された。

移転価格とは、基本的には、関連者間の国境を越える取引(クロスボーダーの取引)によって利益の付け替えを行い、全世界ベースで見た租税負担を減らそうという節税行為である。

一般に、たがいに独立した第三者間の取引であれば、価格操作は行われていないという前提に立つことができる。別の言い方をすれば、独立当事者間取引が行われていれば、価格操作の疑いはないということである。こういう取引を英語では「アームズ・レングス取引」と呼ぶ。アームズ・レングスとは腕の長さという意味で、腕の長さの距離ほどは突き放している他人であるとか、肩を組んでいないという意味である。独立当事者間価格(日本の法律では、独立企業間価格)をアームズ・レングス・プライスという。頭文字を取ってALPと呼ぶこともある。

しかし、会社と縁のある関連者(たとえば、親子の関係にある会社)であれば、腕の長さの内側に入れて抱擁したり、肩を抱いたりすることもあるだろう。移転価格税制では、そのような身近な当事者間の取引で設定された価格は、価格操作の疑いがあるという見方をする。

図3-2に仕組みを示す。上図は、関連者のいないアームズ・レングス取引である。国内の比較対象法人は、A国にいる独立の第三者との間で取引をして、商品を一二〇万円で売っているとする。商品の仕入れ値は国内の第三者から買って一〇〇万円であるから、利益は二〇万円である。日本の実効税率を四〇%として、この比較対象法人は日本の国庫に八万円の法人税を納めなければならない。他方、A国の第三者は、この商品取引で三〇万円の利益を上げているとする。A国の実効税率を三五%であるとすると、この第三者はA国に一一万円の法人税を納めなければならない。

一方、下図は、関連者間の取引で、アームズ・レングス取引ではない。ここで検証対象法人

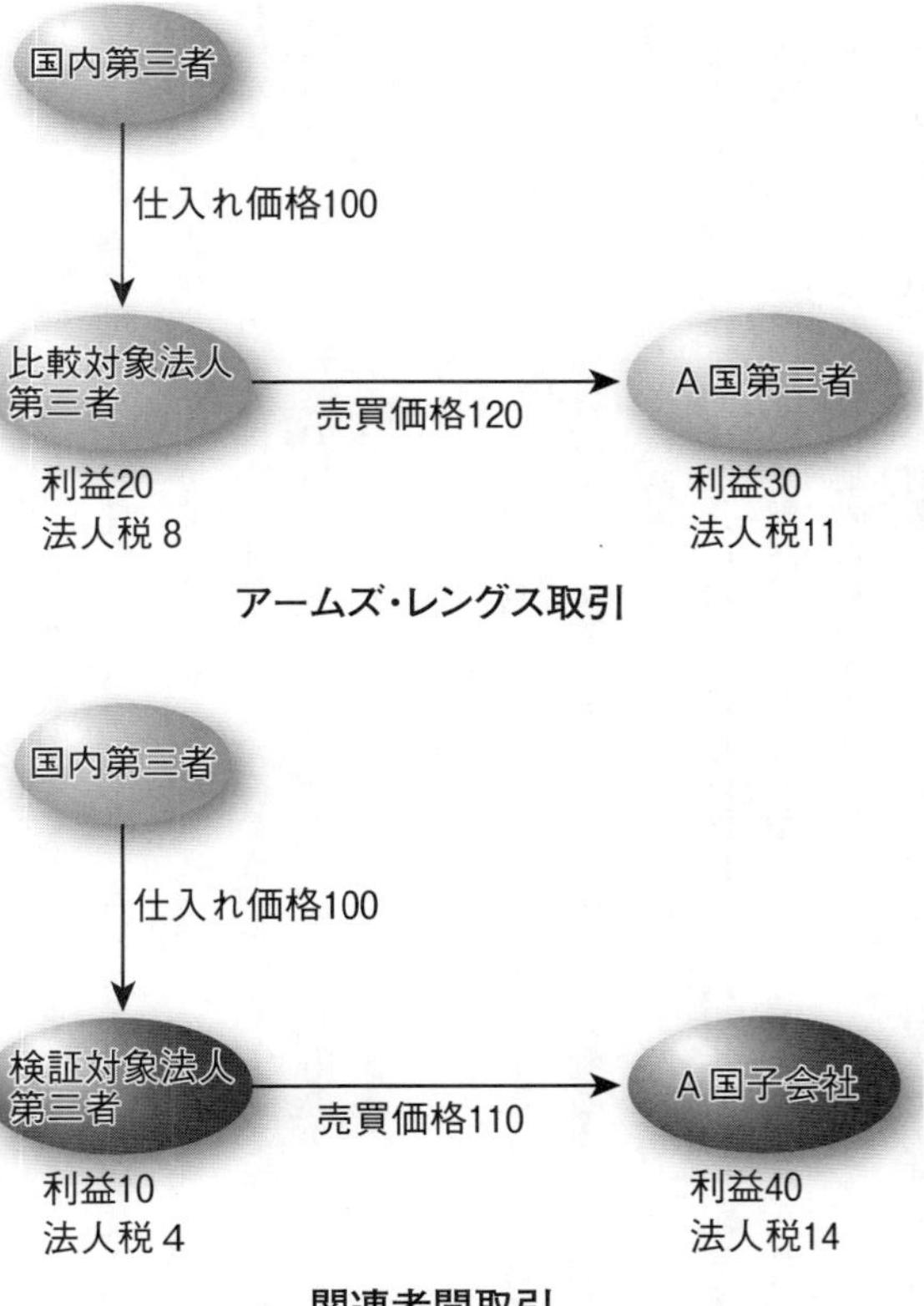

図 3-2　移転価格税制の仕組み
財務省ホームページの図をもとに一部改変して作成．単位万円

の「検証対象」とは、課税当局から見た調査の対象という意味である。この図の検証対象法人は、A国にいる関連者(子会社)との間で取引をして、商品を一一〇万円で売っているとする。商品の仕入れ値は国内の第三者から買って一〇〇万円であるから、利益は一〇万円である。国の実効税率が四〇%であるから、この検証対象法人は日本の国庫に四万円の法人税を納めなければならない。他方、A国の関連者は、この商品取引で四〇万円の利益を上げているとする。A国の実効税率が三五%であるから、関連者はA国に一四万円の法人税を納めなければならない。

さて、独立当事者間で通常行われている取引(上図)では一二〇万円なのに、なぜ関連者(親子会社間)との取引(下図)では一一〇万円という価格になるのであろうか。課税当局としては、このような疑いを抱くわけである。実効税率が低いA国の方に利益を付け替えて、企業グループ全体としての合計税負担を減らしたのではないか、というわけである。もしその疑いが正しいと証明できれば、検証対象法人に対して移転価格税制を適用する。検証対象法人は一一〇万円ではなく、一二〇万円という価格で売ったとみなし、四万円ではなく八万円の法人税を課すのである。これが移転価格税制の本質である。

ところが、これでは検証対象法人は困ったことになる。日本での法人税額が増やされたのに、

Ａ国の子会社の法人税額は据え置きのままだからである。これでは、グループ全体として税金を余分に払わされてしまうことになる。そこで、日本とＡ国の課税当局間で国際的な課税調整が必要になるわけだが、これが国家間の課税権の争奪戦というじつに厄介な問題をはらんでいるのである。

5　税金争奪戦

ＯＥＣＤ移転価格ガイドライン

そのような問題に早くから取り組んできたのが、ＯＥＣＤ租税委員会である。そして、その努力が一九九五年の「ＯＥＣＤ移転価格ガイドライン」に結実した。このプロジェクトの開始には筆者も関与した。日本の移転価格税制は基本的にこの移転価格ガイドラインに忠実であるから、その改訂状況からは目が離せない。

第１章でも述べたように、ＯＥＣＤ租税委員会は、国境を越える取引にともなう二重課税を排除することを任務の主要目的としている。そこで、ＯＥＣＤの定めたモデル租税条約は国際租税の世界では最も重要な文書になっている。ところが、近年の各国課税当局による移転価格課税の積極的運用（というよりは濫用）によって、OECD移転価格ガイドラインはモデル租税条約と同じ程度に重要な文書になってしまい、いまやこれら二つの文書は双璧のように見える。

さて、前記のような国際間での課税調整が必要であることは、誰しも認めるところであろう。そこで、さきほどの図3-2のように、日本の課税当局が検証対象法人の法人税を増やしたときには、関係する海外の課税当局は関連者の法人税額を減らすことが原則であると考えられている。これを「対応的調整」という。

しかしながら、このような対応的調整に海外の課税当局が「はい、そうですか」と簡単に応じるわけはない。自分の国の税収が減ってしまうからである。そこで、そのような場合に備えて両国の権限ある当局同士の「相互協議」という仕組みが租税条約で設けられている。

課税権はどこにある？

移転価格税制は、二〇一三年現在、日本における税法の適用の中で最も大きな問題となっている。ひとたび課税処分があると、その額はゼロの数が二つは違う規模になるからである。

日本の移転価格課税で二番目に高額の課税処分がなされたのは、製薬会社のT製薬のケースである。T製薬は他国の会社と五〇対五〇の割合のジョイント・ベンチャー子会社を設立したが、半分の議決権しかないため、実際には価格操作をしようと思ってもできる立場にはなかった。そのような事情があるにもかかわらず、日本の課税当局はＴ製薬に対して価格操作があったとして移転価格税制を適用した。追徴税額は五七〇億円であった。

このケースについては、関連者の判断についての資本関係を「五〇％以上」と規定して、「五〇％」を含めてしまった立法のミスである。「五〇％超」と定めておけば問題にはならずに済んだはずである。

グローバルに見て移転価格税制の適用が行われた最大の事例は、英国の大手製薬会社グラクソ・スミス・クライン社をめぐる英米間のケースである。

グラクソは、自社で開発した抗潰瘍薬が国内でよく売れたことから、アメリカの子会社に製品を卸し販売したところ、アメリカ市場でもよく売れた。これに目を付けたのがアメリカの内国歳入庁(ＩＲＳ)である。ＩＲＳは、グラクソのアメリカ子会社は、アメリカにおけるマーケットの開発や販売網の拡充という点について独自の無形資産を有するに至っている、と言い出した。そして、この無形資産に対する報酬を考慮していないから移転価格税制を適用する、という言いがかりのような課税処分を行ったのである。

もっと安い値段でアメリカ子会社に卸して、アメリカ子会社にはもっと大きな利益が計上されるべきであると、もっともらしいことは言うものの、要は、グラクソはアメリカにもっと法人所得税を納めてしかるべきであるということである。すでに述べたように、アメリカでは、莫大な利益を上げて分厚く配当をしながらも、法人税額はほとんどゼロにするということが可能な仕組みをとっているからである。この事件では、結局、グラクソとＩＲＳとの間で和解が成立して一件落着となったが、追徴税額は三一億ドルという天文学的数字になった。

このような事件から見えてくることは、国際取引が発展を遂げているとはいっても、じつはその多くの部分が多国籍企業の中でのグループ内取引であるという実態である。多国籍企業は、グループ内で価格操作をすることによって税率の低い国や地域に利益を付け替えたり、ぶつけることができる損失のある国の関連子会社に利益を付け替えたりすることが可能なのである。

移転価格税制は、本来はこのような節税行為ないし租税回避行為を押さえようとして始められた税制である。しかしながら、取り締まるというのは建前で、多国籍企業が上げた利益をどの国が課税するかという課税権の争奪戦になっているような面がある。現在、移転価格税制については、そういう面で、国の内外を問わず、官民を問わず、一大関心事となっているのである。

とくに最近では、巨額の税収を得られることに目を付けた中小規模の途上国が移転価格税制の導入に乗り出しはじめ、問題が一層ややこしくなっている。これらの国々では国際租税の理論的側面に明るいとは到底言えないから、むやみに移転価格税制を振り回して、理屈も何もないとんでもない課税処分を行っている。中国がその典型である。国際租税法についてほとんど何も理解していない課税当局が、無茶な言いがかりを付けて課税処分をしているのである。

ただし、日本の課税当局とて中国と大同小異ではなかろうかと思うことがある。英語もろくに使えない担当官による国際調査などというものに出くわすと、思わず考え込まざるをえない。輸出によって日本経済を支えている企業の足を引っ張るような税制の運用はするべきでない。

最近では、ある国税庁長官が、移転価格税制の運用は度を過ぎていると考えて、一定額以上の移転価格課税をする場合には、長官直轄で判断するという体制を敷いたことがあった。人事異動にともなって、その良き風習は一年でなくなった。

第4章　黒い資金の洗浄装置

1 犯罪資金を追え

マネー・ロンダリングとは何か

マネー・ロンダリングとは、犯罪などで上げた違法な収益を、出どころが追及されないよう、きれいな説明のつくマネーに見せかけて表に出す行為のことである。日本語では資金洗浄といい、当局の人間は「マネロン」と略して呼んだりする。

麻薬密売、詐欺、横領、収賄、脱税、現金強奪、その他の犯罪によって得られた現金は、そのまま手元にあると、はなはだ始末に困るものである。現金はかさばるから隠し場所に困るし、盗難のおそれもある。水害や火事、地震などに見舞われることもある。また、紙幣にはモデル・チェンジがある。現金の形で持っているのは決して得策ではない。このようなことであるから、政治家が四億円もの大金を何年も現金のまま持っていたなどという主張は、およそ信じがたいことなのである。

しかしながら、現金は困るからといって金融機関に預け入れれば、取引記録が残されてしまう。記録が残ると、当局の追及があったときには悪事がすぐにばれてしまう。しかも、証拠まで残る。そもそも大金というものは、ただそこにあるだけで税務署などに出どころを追及されるし、何かに使えば使ったで問い質される。査察を指揮して実際に現場に乗り込んだ経験からの実感であるが、現金や金目の物を隠すというのは、なかなか骨の折れることなのである。

そこで、出どころの怪しい後ろ暗い現金を、素性のきれいなマネーに変えてしまえば、金融機関にも何食わぬ顔で預けておけるし、出し入れにも困らずにすむ。マネー・ロンダリングは、そういう悪事をはたらく人間たちの要求から生まれた犯罪行為である。

マネー・ロンダリングは、暴力団など犯罪組織だけの専売特許ではない。近年では、アル・カイーダなどの国際テロ組織も手を染めている。そのときの方法は、犯罪組織のマネー・ロンダリングと同じものである。したがって、マネー・ロンダリングを取り扱うときは、テロ資金の移送や隠匿の問題も含めなくては重要な一面を見逃すことになる。

また、マネー・ロンダリングには、各国の諜報機関も関与していると考えられる。しかし、この問題に対する壁は高く分厚い。その内実を知ることは、きわめて難しいと言わねばならない。本書では、そのあたりはマネロン対策の第一線に立ったことのある筆者の皮膚感覚をお伝えできるのみである。

その手口とは?

マネー・ロンダリングは当局に知られないように秘密に行われるものであるから、その手口を解明することは容易ではない。たとえ解明できたとしても、解明した当局は手口を明らかにしない。真似をされたら困るからである。マネー・ロンダリングの手口を詳しく解説した文献がないのは、このような理由による。

ところで、秘密の資金移動ということになれば、秘密保護法制のあるタックス・ヘイブンが大いに活用されることになる。いったんタックス・ヘイブンに入ってしまえば、そこから先の資金の移動先は追跡が非常に難しくなる。9・11テロのあとでタックス・ヘイブン対策が一気に強化されたのはこのためである。

マネー・ロンダリングの最も古典的な手口は、たとえばスイスやカリブ海の島にある銀行など、タックス・ヘイブンの金融機関にキャッシュを持ち込んで預け、そこから貸し付けを受けた形にするというものである。ただし、いまではどこの国も出入国の際に持ち出せるキャッシュの総額には制限があって、それを超えるときは税関に申告しなければならない。日本であれば、一〇〇万円以上を持ち出す場合は税関に届け出る必要がある。

アメリカに入国する際、制限額を超えた現金を持ち込んで逮捕され、刑事裁判にかけられた日本人の実例を知っている。この男はアメリカの陪審制を悪用して、裁判のときに「キャッシュの持ち込み金額に制限があることを知らなかった」と言って泣いてみせ、陪審員の同情を買ってまんまと逃げおおせた。税関を担当するホームランド・セキュリティの担当官はいまだに怒っているが、こういうケースはいまや稀である。

日本ではかつて、割引債についてはその発行も譲渡も満期の支払いも、本人確認なしの無記名で済んでいた時代があった。そこに目を付けて、割引債がよく利用された。不正な資金であっても割引債に変えてしまえば、当局の目に触れないで済む。とくに割引債は、紙一枚で何千万円という価値を表象するところが売りになる。金丸信元自民党副総裁の脱税問題は、国税当局が割引債を押さえたことから防御が一気に崩壊した。このケースは脱税で得た資金の隠匿であった。本章で紹介するヤミ金融の五菱《ごりょう》会事件でも割引債が使われた。

また、同じくキャッシュの運搬が容易にできた時代のことだが、キャッシュで豪邸などの不動産を買い、それを転売してクリーンな売却金に見せかけるのも古典的な手口として知られている。アメリカHSBCと北陸銀行が関係したロシア人のマネー・ロンダリング事件では、トラベラーズ・チェックの利用という比較的素朴な手口が使われていた。

これらは、もっとも初歩的かつ典型的な手口にすぎないのであって、現在は国境をまたにかけた、きわめて巧妙かつ悪質な手口が発達している。手口は日々進化するので、その全貌を解明し摘発するのは容易なことではない。ただし、確実に指摘できるのは、マネー・ロンダリングにはほぼ必ず、タックス・ヘイブンが絡んでいるということである。

FATF

国際的なマネー・ロンダリング対策はかなり遅いことで、一九八八年の国連麻薬条約に始まる。翌八九年には、アルシュ・サミットの共同宣言にもとづき、FATF(ファイナンシャル・アクション・タスク・フォース。日本では金融活動作業部会と呼ばれる)が設立された。二〇一二年現在、三四の国・地域、二の地域的国際機関が参加する、マネー・ロンダリング対策の国際機関である。年に三回の本会議が開かれる。OECDが事務局を務めるが、OECDの部局というわけではない。

FATFは一九九〇年に、「四〇の勧告」と呼ばれるマネー・ロンダリング対策の国際基準を出した。この最初のバージョンは、対麻薬カルテルという性格が強かったものである。資金洗浄を犯罪として刑事罰の対象とすること、金融機関を対象として匿名口座の禁止や疑わしい取引の届け出などの措置をとることを各国に勧告するものであった。一九九六年には国際金融システムの発展に対応した最初の改訂が行われた。

「四〇の勧告」では、対策の対象となる犯罪収益の前提犯罪をプレディケイト・オフェンスと呼んでいる。このプレディケイト・オフェンスは当初の麻薬犯罪から次第に拡大され、9・11テロのあった二〇〇一年にはテロ資金が対策の対象とされ、直近の二〇一二年には税犯罪が含まれるようになっている。

9・11は豊富な資金を元に組織的なテロ活動を繰り広げるアル・カイーダによる犯行であった。9・11以降、アメリカは本格的にテロ資金対策に乗り出し、その一環としてマネー・ロンダリング対策も強化した。FATFもテロ対策に真剣に取り組みはじめて、同テロ直後の一〇月には、テロ対策に関する「八の特別勧告」が出された。また、二〇〇三年には「四〇の勧告」の再改訂を行って、マネー・ロンダリング対策とテロ資金対策を統合した。これはプレディケイト・オフェンスの拡大の典型である。また、非金融業者にも基準の適用を拡大した。

なお、「八の特別勧告」は二〇〇四年には「九の勧告」に拡大され、これと「四〇の勧告」は二〇一二年の改訂の際に統合されている。名前は変わらずに「四〇の勧告」のままである。

非金融業者への適用拡大の中で、ゲートキーパーの概念も導入されている。ゲートキーパーとは職業的専門家のことで、具体的には弁護士や公認会計士をさす。再改訂版では、これらに一定の報告義務を課することになった。近年のマネー・ロンダリングでは、専門家の関与がつとに指摘されていたからである。ただし、ゲートキーパー問題は、秘匿特権に関係するから大きな問題といえる。

ＦＡＴＦに関しては、筆者にはこんな体験がある。中田英寿選手がペルージャに移籍して大人気だったころのことである。一九九八年に、ＦＡＴＦとＯＥＣＤ租税委員会が合同会議を開催するという試みがあって、双方のメンバーがローマに集められた。ところが、会議の始まる直前になって、会議場がローマからペルージャに移されて、参加者はバスに乗せられた。ホテルもペルージャに変更になった。

「どういうことだ、こんな前例はないぞ」などとみんなで文句を言っていると、突然、イタリアの大蔵大臣が現れて挨拶をはじめた。何を言い出すかと思えば、「みなさん、急に会場を変更して申し訳ない。なぜ開催地を急にペルージャに移したかというと、じつはここが私の選挙区だからです」などと、ぬけぬけと宣言するではないか。これには各国代表団も大爆笑になってわだかまりも解けた。ところが、肝心の会議そのものは、ＦＡＴＦもＯＥＣＤ租税委員会も相互に警戒しあって、何の成果も得られなかった。筆者もいろいろと肩をもみほぐそうとしたのだが、まったくだめだった。国際機関の連携も何かと難しいものである。

個人的な見解を述べさせてもらうと、筆者はFATFに対しては不信感をいだいていた。それは、諜報機関の関与についての皮膚感覚が根源にあるからである。第1章でも紹介したように、旧宗主国はその会議の席上、旧植民地国のタックス・ヘイブンをあからさまに擁護するような態度と行動をとることがある。タックス・ヘイブンでは、諜報機関が犯罪収益を利用するようなダーティなことをする場合もある。CIA(中央情報局)によるイラン・コントラ事件はその一例である。

日本のマネー・ロンダリング対策

日本は、ほぼFATFの勧告に従う形で国内的立法措置をとっている。犯罪収益移転防止法は「四〇の勧告」の二〇〇三年改訂版に対応するものである。犯収法などと略称される。これは従前の本人確認法と組織犯罪処罰法を統合した形でできた法律で、二〇〇八年から施行されている。さらに、第三次対日審査を受けて、犯収法の改正法が二〇一三年四月一日から施行される。

金融機関における本人確認義務や疑わしい取引の届け出義務などは、日常的に見聞することである。これらは犯収法にもとづいて行われているのである。マネー・ロンダリング関連の情報を集約する単一の組織FIU(ファイナンシャル・インテリジェンス・ユニット)の金融庁から警察庁への移管もこの法律によって行われた。このほかに、「内国税の適正な課税の確保を図るための国外送金等に係る調書の提出等に関する法律」も制定されている。

筆者は金融監督庁(現金融庁)に設置されたFIUの初代のヘッドであったけれども、FIUに集まる情報やデータによって、どのような成果を得たのかは一切報告が上がってきていない。情報戦というものはそういうものであって、need to know 原則が貫かれる。ドゴール暗殺を企てるフランス軍内部の秘密組織のOASが切り崩されたのも、結局は軍が潜入させた多数のスパイによる。第二次大戦中のレジスタンスもスパイにはきわめて苦しめられた。

秘密組織は細胞ごとに分断して相互に連絡は取らせないし、お互いの存在すら知らせない。知る必要のないことは知らせない。知らないことは漏らせないからである。これが need to know 原則である。

国境の壁

マネー・ロンダリングの追跡は難しい。すぐあとに述べる五菱会事件など、いくつもの僥倖《ぎょうこう》が重なって解決を見た稀なケースもあるが、普通は国境の壁がそのまま捜査の壁になる。犯罪者と犯罪資金はいとも簡単に国境を越えるが、刑事法規の執行は国境の壁に簡単に阻まれてしまう。アメリカはメキシコやコロンビアの麻薬カルテルに対して国境を越えて武力を行使するが、とても真似できることではない。

アメリカにおけるマネー・ロンダリングやテロ資金の摘発は、潜入捜査官によるものも多いと思われる。DEA(麻薬取締局)の捜査官上がりのホームランド・セキュリティのデスクが知人にいるが、過去の経歴がどのように凄惨なものであったかは、日常に見せる表情や仕草だけで想像できる。

2　タックス・ヘイブン事件簿　その三

五菱会事件

山口組系の二次団体である五菱会《ごりょう》が引き起こしたマネー・ロンダリング事件は、ヤミ金融にまつわるマネー・ロンダリング事件の典型例である。

多重債務者問題は、バブル崩壊後における一大社会問題となった。かつて出資法の上限金利は年二九・二％であり、これを超えた貸付けは刑罰によって禁止されていた。これに対して利息制限法は年一五％(一〇〇万円以上の場合)であったことから、この中間にある貸付金利のことをグレーゾーン金利と呼んでいた。

貸金業者は事実上、このグレーゾーン金利での貸付けが認められる仕組みになっていたが、紆余曲折を経て出資法と利息制限法の上限金利を二〇％とすることになり、グレーゾーンはなくなった。グレーゾーン金利の廃止は二〇一〇年から施行されている。

真の問題は、罰則付きの金利規制などでは、ヤミ金融に対する需要を止められないところにある。金利の上限規制などあろうがなかろうが、金を借りなければ資金繰りに行き詰まる個人や企業は必ずいる。資金の手当ができなければ、ヤミ金融であっても手を出さざるをえない。たとえば、健全な中小企業であっても、たった一日のわずかな資金繰りがつかないために黒字倒産になりかねないという、切羽詰まった状況に陥ることは普通にある。たとえ法外な金利であっても、その場しのぎでヤミ金融に手を出さざるをえなくなる場合がある。ただ、その場はしのぎえたとしても、そのような会社が窮地を脱して成功に転じるというサクセス・ストーリーは稀である。貸金業者の作るパンフレットに危うく生き延びた会社のことが、社長の顔写真入りで掲載される。それぐらいに少ないということである。

また個人の場合、遊びで身を持ち崩して金を使い果たし、自己破産してしまうと、もはや貸金業者から借りることさえできない。そこまで追い詰められると、次は、ヤミ金融が口を開けて待っている。ヤミ金融の側も鼻がきくらしく、ヤミ金融に手を出すタイプを見分けることができるようである。自己破産した直後に、頼みもしないのにヤミ金融から数万円のキャッシュが振り込まれてくる事例がある。

五菱会の場合、スイスのチューリッヒ州（カントン）にある銀行に口座を開設して、ヤミ金融で稼いだ収益約五〇億円を隠匿していた。このとき、五菱会が利用したのが割引債である。割引債の本人確認は一九九〇年からのことである。まだ本人確認が要求されていなかった時代のことで、割引債を利用してスタンダード・チャータード銀行からクレディ・スイス香港を経由してスイスに移送したとの裁判記録がある。

発覚の発端は、スイスのチューリッヒ州がその口座を差し押さえたことであった。スイスは、自国の銀行秘密保護法が悪評ふんぷんであるから、対外的に非常に気を使っている。過去には、ナチス・ドイツによるホロコーストで犠牲になったユダヤ人の口座に残留している資金をそのまま懐に入れていたのをアメリカに激しく咎《とが》められ、返還処理せざるをえなかった非常に苦い経験もある。そこで折にふれて、「自分たちはテロや犯罪には加担しないのである」とアピールしなければならない。その実例を示したかったということなのであろう。

ただし、スイスの法制では、差し押さえた口座の額のうち約半分はスイスの国庫に入ることになっている。当然、そのメリットも織り込み済みということである。日本に返されてきたのは残りの半分であった。法務省は本件限りとなる特別法を作って、二〇〇八年、戻ってきた二九億円を被害者に返還する作業を行った。

BCCI事件

犯罪と密接にからんだ銀行で最も著名な銀行はBCCIである。BCCIはバンク・オブ・クレディット・アンド・コマース・インターナショナルの頭文字である。ルクセンブルクで設立された銀行で、全世界に支店網をもつ事実上の多国籍銀行であった。

BCCIには、規制をかけるべき監督当局が事実上なかった。とくにアメリカでは広く支店網を展開して、コロンビアの麻薬カルテルの資金洗浄を引き受けていた。カリブのタックス・ヘイブンに現金を運び込んで預託して、そこから貸付けを受けるという古典的な手口なども見られ、目に余るものがあった。

コロンビアからの麻薬流入に神経をとがらせているアメリカにとってBCCIの存在は大問

題であったが、一方でCIAがBCCIを利用していたという裏面もあった。レーガン政権下のイラン・コントラ事件などでは、BCCIを裏資金の資金繰りに使用していたことはほぼ公知の事実であった。CIAといえども口を封じて闇に葬り去ることはできなかったという事件である。もっともCIAはあまり情報の取扱いはうまくないから、ピッグス湾事件などのミスを犯しては記録に残され公開されてしまう。

諜報機関といえども、金融機関を利用することなしに仕事はできない。これは逆に言うと、金融機関を見るときにはそういう目で見る必要もあるということである。どこかの政府が合理的な説明のつかない、訳のわからない行動をとったときには、それなりに裏の事情がある。FATFのようなマネー・ロンダリング対策の国際機関の公式会議においてさえそうであることはすでに見た。

BCCIの財務内容が腐っており自己資本が枯渇している状況は、やがて誰の目にも明らかとなった。ついには破綻して、一九九一年に閉鎖の憂き目に遭った。国際政治経済を震撼させた一大スキャンダルであった。

北朝鮮秘密口座事件

マカオにある銀行バンコ・デルタ・アジアに北朝鮮の秘密ドル資金口座があり、これが同国のマネー・ロンダリングの拠点であるとされ、二〇〇五年、アメリカによって凍結されたという事件があった。

マカオの銀行口座をアメリカが凍結するとは奇異なことに思われるかもしれないが、アメリカがこのようなことを行えるのを理解するには、「コルレス銀行」と「コルレス口座」という外貨取引の仕組みを知る必要がある。

たとえば、筆者は日本の銀行に米ドルの預金口座をもっているが、自分で直接に米ドルを預金しているわけでない。自分のドル預金口座に日本円を預け入れると、日本の銀行はこれをドルに換算して、自行と取引のあるニューヨークの銀行(これを「コルレス銀行」という)に、自行の銀行名義でドルを預け入れる(これを「コルレス口座」という)のである。つまり、筆者のドル預金は、実際にはアメリカ国内のコルレス口座の中にあるわけである。

では、コルレス口座を使った外貨取引について考えてみよう。図4-1を見ていただきたい。たとえば、筆者がサウジアラビアの友人からロンドンのフラットを買うことにしたとする。サウジの友人が「支払いはドルにしてくれないか」と言ってきたので、筆者は自分のドル預金口

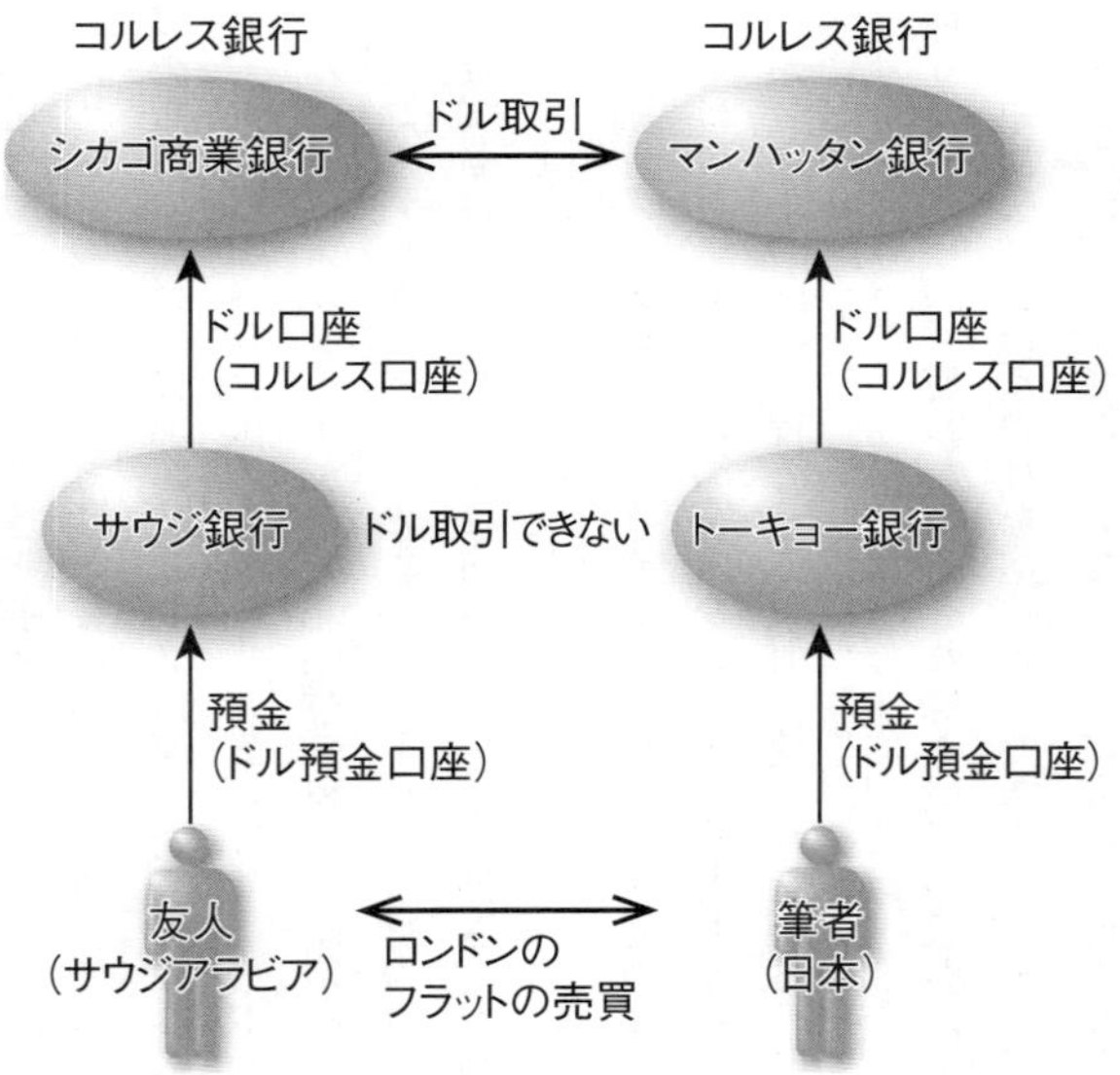

図 4-1　コルレス取引の一例
筆者は，トーキョー銀行のドル預金口座に，日本円でもドルでも預金をすることができる．サウジの友人も，サウジ銀行のドル預金口座に，サウジリアルでもドルでも預金をすることができる．サウジ銀行とトーキョー銀行との間では，ドル取引をすることはできない．実際のドル取引は，アメリカ国内のコルレス銀行相互間でしか行われない

座からサウジの友人のドル預金口座に送金することにした。

ここで、サウジの友人は首都リヤドの銀行にドル預金口座をもっており、そのリヤドの銀行は、シカゴの商業銀行にコルレス口座をもっているとする。

このような場合、お金の流れはどうなっているであろうか。

筆者と友人は、一見、

日本とサウジの間でドルを直接やりとりしているように見える。しかし、実際には、ドルは日本とサウジの間を動いてはいない。日本の銀行のニューヨークにあるコルレス口座から、サウジの銀行のシカゴにあるコルレス口座に対してドルの移転が行われているだけである。すなわち、ドルはアメリカ国内を動いているだけで、一ドルも国外に出て行ってはいない。

バンコ・デルタ・アジアの北朝鮮の秘密ドル口座にもドルがあるわけではなかった。ドルは、バンコ・デルタ・アジアのニューヨークの銀行のコルレス口座にあったのである。アメリカ政府は、そのコルレス口座にあるドルを差し押さえたわけである。アメリカ政府には、9・11テロの直後に成立したUSAパトリオット・アクト(アメリカ愛国者法)によって、このような国際金融システムの根幹にかかわる権限が与えられているのである。

では、アメリカがこのようなことを行うとわかったとして、どんなことが起こりうるであろうか。ドルが国際通貨として取引に使われているのは、ドルに信認があり、いつでも自国通貨に換金できるからである。たとえば、人民元と比べてみよう。人民元を第三国間で取引通貨に使うであろうか。使わない。それは人民元の取引には規制があり、いつ何時、交換不能になるかも知れないという恐れを抱くからである。つまり、人民元にはドルのような信認はない。

ところが、ドルで取引していたのに人民元のようなことが起こってしまうとなると、ドルの国際通貨としての信認（信認がある国際通貨を「基軸通貨」と言ったりする）が揺らぐことになる。信認がなくなれば各国が（外貨準備として）保有するドル債がマーケットで売られてしまうことにもなりかねない。アメリカの財政は破綻し、アメリカ経済は一瞬にして瓦解することになるであろう。

「国際金融システムの根幹にかかわる権限」と述べたのは、このような意味からである。バンコ・デルタ・アジアの口座を凍結するとは、そのような危険なオペレーションが行われたということなのである。

ＨＳＢＣマネロン疑惑事件

ＨＳＢＣは、もともとは「香港上海銀行」として香港籍の銀行であった。それが香港の中国返還を契機として規模が大きくなったところでロンドンに移転し、シティの出島ともいえるカナリー・ウォーフに本拠を移した。英国政府はこれをはなはだ喜んで、そのときの会長のジョン・ボンド氏にサーの称号を与えるほどであった。かつての香港上海銀行の名残りは、ＨＳＢＣのＨ（香港）とＳ（上海）にとどまっている。

ＨＳＢＣは、その時点の四大クリアリング・バンク（商業銀行）のうちの一つであったミッドランド銀行を吸収して、英国の四大商業銀行の一つになるとともに、いまでは世界的にも大きな存在となっている。数え方にもよるだろうが、世界第三位の銀行である。

そのＨＳＢＣが二〇一二年、アメリカ上院の特別委員会によってマネー・ロンダリング疑惑を追及されるという事態に至った。この特別委員会の名前は常設調査小委員会といい、上院のホームランド・セキュリティ委員会の下にある小委員会である。小委員長のカール・レビン民主党上院議員は、上院における軍事の専門家として高名である。

マネー・ロンダリング研究の専門家である橘玲氏が解読したところによると、麻薬カルテルは中南米から麻薬を船で密輸してアメリカ国内で売りさばき、上がりの収益を帰りの船に積み、ＨＳＢＣのメキシコの銀行であるＨＢＭＸにいったん入金した。その後、ＨＢＭＸから貸し付けを受けて、ドルの現金をまたアメリカに持ち込み、ＨＳＢＣのアメリカの銀行であるＨＢＵＳに戻したのだそうである。

キャッシュが二度、米メキシコ間を移動するので、かなり古典的な手口のような気もするし、最後のＨＢＭＸからＨＢＵＳへの送金は巨額であって、すぐに当局の目にとまるだろうから、これまた随分原始的な手口のような気もする。電子決済を利用したより洗練された手口も使っているはずだが、見つからないのか、あるいは見つかっていても当局が口をつぐんでいるのか、そのどちらかである。

いずれにしても、麻薬をアメリカ国内に持ち込むのは命がけのオペレーションである。税関当局も、上空のヘリコプターから高性能の強力ライフル銃でスピードボートの船外機を撃つなどという信じられないことまでして制圧にかかっている。麻薬カルテルの側も潜水艦さえ建造しているのだから、これはもう戦争以外の何物でもない。映画の『トラフィック』や『今そこにある危機』の世界である。

このような事態が日本で起きたら大変なことになる。筆者が東京税関長だったときには、『トラフィック』のフィルムを映画会社から借りてきて、全職員に鑑賞を義務づけた。絵空事でもなければ、他人事でもないのである。

ＨＳＢＣの疑惑については、他にもいろいろとある。北陸銀行が関与したとされるロシア人の資金洗浄事件もある。とりわけ、北朝鮮のマネー・ロンダリングにも関与したとされて追及を受けている。このあたりになってくると、ＦＡＴＦのマネー・ロンダリング対策がテロ資金を前提犯罪として取り入れている理由が見えてくる。アメリカが血眼になるのも頷ける。

3 テロ資金とのかかわり

テロの現場に身を置く

テロの現場についての筆者の経験は豊富である。

一九八九年、ロンドン大使館在勤中に、北アイルランドのベルファストに出かけて行く用務があった。ベルファストの銀座通りのような目抜き通りに行くと、道路の両端に厳戒態勢のゲートが設けられていて、鳥かご状になっている。身体検査を受けないと中に入れない。封鎖して警備に当たっている警察官たちの疲れ切った表情が印象的であった。

裁判所を護衛している英軍の兵士は、土嚢のバリケードがあるのに、筆者の車が近づくと壁にぴったりと張り付いて銃撃を避けようとする。人間が露わにする恐怖の生々しさが印象的だった。このときは宿泊していたホテルが二日違いで爆破された。もちろんＩＲＡの爆弾テロである。英国人にベルファストに行ったというと皆びっくりする。

第一次湾岸戦争のときには、ロンドンから観戦武官としてイラク＝クウェート国境に出張した（筆者はあくまで文官であり、厳密には武官ではないが、細かいことはさておく）。米軍の空爆によって壊滅したイラク軍機甲師団が、延々と数キロにわたって残骸をさらして煙を上げているのを間近で見た。劣化ウラン弾の微小粉末が空中に充満していることは、当時まだ誰も知らず、筆者はこの粉末を知らずに吸いこんでいた。おかげで以後は、毎年検査をしている。

その後はそのままイスラエルに行って、日イスラエル租税条約交渉にあたった。エルサレムに長期にわたって滞在した。ロック・ドームやジェリコに安全に行くことができたごく短い時期のことである。いまではもう東エルサレムには行けない。

会議の合間の休日に、旧約聖書の遺跡を見てみようと思って、車を借りてひとりで回った。後悔先に立たずだが、やはり防弾車と武装護衛を断るべきではなかった。ベール・シェバへ行った帰り道に、インティファーダの町ヘブロンに迷い込んでしまった。決して行ってはいけないというヘブロンである。道路標識が消されていたから、罠にかかったようにも思われる。町に入ったほとんどその瞬間に銃撃を受けて、車のリアウインドウが吹き飛んだ。レンタカーのナンバープレートがアラブ語でなくヘブライ語だったからである。

防弾車ではないから、カラシニコフの連射を食らえば、車のボディの鋼板など簡単に貫通してしまう。アメリカのテレビや映画で警察官が車を遮蔽物にしている銃撃戦のシーンがよくあるが、あれは何もないよりはましというだけに過ぎない。

ヘブロンの中心部の警察に逃げ込むか、Uターンして町を脱出するかは、生死の境目の判断であった。カラシニコフの狙撃の精度は二五〇ヤードぐらいが限界だから、それだけの距離をとって車を止めて、瞬時に決断をしなければならなかった。総身から血の気が引くとはああいうものかと思う。そして、思い切りスピードを上げてヘブロンの町を脱出した。ハンドルの上に身を伏せて猛スピードで走るのはなかなか難しいものである。映画のようなわけに行かないことは一度やってみればわかる。

結局、ヘブロンの北にある軍の施設に逃げ込んだ。こちらは外交官パスポートで滞在しているから、イスラエル政府としても何か事故があっては困る。すぐにウージー・サブマシンガンを持ったイスラエル軍将校の護衛が付いた。しかし、後部座席に乗り込んでくれたのはいいが、見ると乗車するや否や、ウージーのレバーを引いて薬室に弾丸を送り込んでいる。いつでも応戦できるようにするためで、考えてみれば当然である。とはいえ、何かのはずみで銃が暴発したら、至近距離で九ミリ・パラの直撃弾を背中に食らうわけだから、それはそれで気が気ではなかった。

このころから、危険な任務があると「志賀君、行ってくれないかね」と言われるようになった。「なんでいつも俺なんですか?」と聞くと、「だってキミ、そういうの好きじゃないか」と言われて終わりである。

一九九三年には、センデル・ルミノッソによるテロの真っ最中に、フジモリ大統領の弟に会いにペルーの首都リマに行かされた。スナイパーが待ちかまえているので、空港に到着するや、パスポート・コントロールも何もなしで秘密の地下駐車場に連れて行かれ、メルセデスに押し込まれた。グレード5(対地雷仕様)の防弾車であった。武装護衛付きである。無口で小柄でシャビーな口ひげをたくわえた、悲しそうな顔つきのガンマンであった。目を見れば、すでに何人も射殺してきた人間であることは自ずと知れた。

防弾のフロントグラスは牛乳ビンの底のようで、ほとんど前が見えない。護衛からは「ドアのハンドルに触ってはいけない。全部自分がやるから」と言われた。乗降の際、護衛は拳銃を抜きはなつ。そうして四方の安全を確かめてからドアを開けて「ゴー!」と言う。ドアが開くと同時に、建物の入り口めがけ三歩でダッシュして転がり込む。建物の中では完全武装の兵士が待っていた。

日本国大使館と大使公邸は要塞のようであった。重機関銃を登載した軍用ジープが何台も道を塞いでいた。爆弾を積んだ無人車がときどき突っ込んでくるので、障害物が多数置いてある。市中のホテルには泊まれないので大使公邸に泊まらされた。のちにトゥパク・アマルのテロで何カ月も占領された末、銃撃戦で解放されたあの公邸である。

県警本部長として岐阜県警察本部勤務の際は、オウム真理教による地下鉄サリン・テロと国松警察庁長官銃撃事件が起こり、秘書官と運転手まで武装して通勤する厳戒態勢であった。そのさなかに皇位継承順位筆頭の皇族ご夫妻が、公式行事で岐阜に見えられた。オープン・カーの道中を直衛したが、サリンを投げられれば対象を守って死ぬしかないことは明白である。もうそのころには危険などという感覚は完全に麻痺していたので、とくに何ということもなかった。ただ、「死守」という言葉の意味がはじめて理解できたと思う。お付きの方も、直衛する県警本部長が、小火器の名手で、剣道五段で、騎兵並みの馬乗りであると知って、いたく安心されていたようである。

こういう仕事をしていると、「駅で電車を待つときはホームの端に立たないでください」という注意が、それとなく降ってくる。それにはそれなりの理由があるのである。

テロ資金とテロ対策

アル・カイーダのテロでナイロビのアメリカ大使館が爆破されたとき、筆者はその直後に現地に入った。大きな大使館の建物が完全に崩落していた。そのときはまだ、アル・カイーダによるテロかどうかは、少なくとも公式にはわかっていなかった。

アル・カイーダが国際的なネットワークをもって強力なテロを実施しつづけられたのは、その資金力による。そもそも、オサマ・ビン・ラディンはサウジアラビア出身の大富豪で、アル・カイーダの資金源はビン・ラディンのバックにあるオイル・マネーであった。オバマ大統領がパキスタンに潜伏するビン・ラディンを射殺させた後、アル・カイーダが大規模なテロを遂行できなくなっているのは、その資金源が絶たれたためであろう。テロ対策には、テロ資金封じが有効であると考えられる。ただし、テロを根絶するには絶望と自暴自棄を生む貧困問題を解決しなければならない。

ビン・ラディンの資金がどのように世界を移動してテロの標的国に入って行ったのかについては、まったく公表されていない。本当にわかっていないか、わかっているけれども、わかっていることを伏せているかのどちらかである。後者であるとすれば、こちらがわかっていることが敵方に知られてしまわないように、わかっているということ自体を伏せているのである。

それでも、古くはＢＣＣＩ、最近ではＨＳＢＣなどの金融機関が表舞台に出てくることはある。そうであるからこそ、ＦＡＴＦによる「四〇の勧告」の大半は、金融機関についての記述に割かれている。歴史は繰り返しているようである。

第5章　連続して襲来する金融危機

1　マネーの脅威

暴走するマネー

二〇〇八年に起きたリーマン・ショックは、一九二九年の大恐慌以来のスケールの災厄で、「一〇〇年に一度の大危機」などと言われている。北大西洋金融危機と呼ばれることもあるが、やはり世界規模の危機である。その影響はいまもまだ続いており、すぐには収まりそうもない。

一九九〇年代に入って以降の世界経済を振り返ってみると、経済危機の連続であった。この相次ぐ経済危機は、金融システムが震源であるという点で、それまでの経済危機とはかなり異なる様相を呈している。その意味で経済危機というよりは、金融危機と呼ぶべきである。

その背後には暴走する過剰なマネーがある。そして、そうした暴走するマネーが作り出される過程では、ほぼ必ず何らかのかたちでタックス・ヘイブンが絡んでいる。ここでいうタックス・ヘイブンとは、ケイマン諸島のような地域ばかりでなく、ロンドンのシティなど、先進国のオフショア・センターも含んでいる。

筆者が本書によって読者に伝えなければならないと考えている最大の問題意識は、不必要な金融危機を幾度も招き寄せるマネーの暴走であり、そして、ヘッジ・ファンドなどにマネー・ゲームの舞台を提供しているタックス・ヘイブン（先進国のオフショア・センターを含む）の害悪である。

金融危機のメカニズム

暴走する過剰なマネーが、なぜ、どのように世界経済を危機に陥れるのか。そのメカニズムは、じつはそれほど難しいものではない。

まず「なぜ」だが、高度に技術的な金融商品が、次々と発明されてはマネー・ゲームに供せられ、しかもそれが非常に高い成長率で増えていくことが大きい。

具体例をあげるとすれば、デリバティブ取引の拡大がきわめて大きな要因となっている。デリバティブについてはＢＩＳ（国際決済銀行）の統計が二系列あり、これらは日銀のホームページを通して見ることができる。ただし、統計の開始が一九九〇年代末であるし、リーマン・ショックにおいて重要な役割を果たしたＣＤＳ（クレディット・デフォールト・スワップ）について足し合わせることができないなどの問題がある。そのため、正確な統計的数字としてわかりやすく示すことはできない。ユーリカヘッジの二〇一一年一一月のデータでは、ヘッジ・ファンドの運用総額は一兆七七〇〇億ドルである。そのほかにもいろいろな統計があるが、必ずしも信頼性の高い数字があるわけではない。ただ、大変な勢いで伸びて、天文学的な数字に達しているということは保証できる。

高度に技術的な金融商品の氾濫を、とくにCDSについて限って見てみると、国際スワップ・デリバティブ協会(ISDA)によるデータがある。これによると、CDSは倍々ゲームで増加して、二〇〇七年には想定元本ベースで六二兆ドルとなった。ただし、その後は、サブプライム・ローン問題でベア・スターンズがつぶれた影響から年々減少に転じている。

CDSとは、いわば保証のようなものである。CDSの買い手は国や企業に対する信用の供与者であり、資金供与した相手方の国や企業のデフォールト(債務不履行)が起きた場合には、CDSによって買い手には元本の保証がなされる。そのかわりに買い手は売り手に対して、定期的に一定額の対価を支払う。

何も起こらなければ何でもないビジネスのようであるが、いったんデフォールトが起きると、売り手には当然、大変な額の負担がのしかかってくる。サブプライム・ローン問題が発生したとき、最初にCDSの打撃に見舞われたのはBNPパリバである。このときの状況はパリバ・

ショックと言われた。これがリーマン・ショックへとつながっていくのである。

次に「どのように」だが、それを知るには、マネー・ゲームの主要プレイヤーであるヘッジ・ファンド、その資金供給源としての個人富裕層や機関投資家、さらにはグローバルなメガ金融機関の動きに注目する必要がある。

たとえば、一九九二年のポンド危機の経緯を見てみよう。この危機の原因は、ジョージ・ソロスのクォンタム・ファンドが仕掛けたポンドの売り浴びせである。当時のポンドはＥＲＭ（欧州為替相場メカニズム。単一通貨ユーロの前身）というヨーロッパの通貨メカニズムに加わっていたが、ソロスはその中でのポンドの割高感に目をつけた。そして、世界の金融センターを擁する英国を向こうにまわして、徹底的にポンドの空売り攻勢をかけた。ソロスが空売りしたポンドはおよそ一〇〇億ドルであったという。

英国が相手にしなければならなかったのはソロスだけではなかった。マーケットがソロスに追随して、怒濤のようにポンドに襲いかかったのである。これに対してイングランド銀行は徹底抗戦を挑み、ポンドを買い支えてポンド防衛を試みた。しかしながら、政府資金の規模など、マーケットが動かす資金規模に比較すれば物の数ではない。ソロスとその投機行動に追従するマネーの攻撃の前にイングランド銀行と英国大蔵省は膝を屈し、英国はＥＲＭから離脱することになった。

英国大蔵省とイングランド銀行の行動はドン・キホーテのようなものでしかなかった。自らそう気づいたときには、無益に費やされた資金は二七〇億ドルに達していたという。これはすべて、納税者が支払うことになる無駄金である。他方で仕掛け人のソロスは、一九九二年だけで個人資産が六億ドル以上にも増えたとされる。

レバレッジ

投機マネーによって破壊されつつある金融システムを守るべく政府が動員できる資金は、ヘッジ・ファンドなどのマーケットが動かす資金の規模に比べれば微々たるものに過ぎない。政府とマーケットの資金規模の差は、為替相場への介入を見れば一目瞭然である。

政府資金の介入だけで為替相場をコントロールできないのはなぜか。政府資金とマーケットとの間に、動かせる資金規模に圧倒的な差があるからである。政府資金で為替相場をコントロールできるならば、そもそも変動相場制になるはずがない。固定相場制を維持できないのは、マーケットが売り浴びせてきたとき、それに対抗して政府が買いにまわせる資金の規模があまりにも小さいからである。ヘッジ・ファンドなどが動員する投機マネーは、一国の経済を呑み込むことができるばかりか、世界経済をも震撼させるだけの規模があるのである。

なぜ、そのようなことが可能なのか。ここで「レバレッジを利かせる」という手法が重要になる。レバレッジとは英語で「梃子《てこ》」という意味だが、金融の世界ではこれを、実際の手持ちの資金よりも大量の資金を動かして投資する行為をさして呼んでいる。

ヘッジ・ファンドは、調達してきた大量の資金を元手に借入れをしてレバレッジを利かせる。そうして、非常に危険であるが極めて高いリターン・レートの投資、というよりは投機を行っている。そのレートは、実物資産に対する投資のレートをはるかに上回る。そのため、本来ならば実物資産に向かうはずの投資に金がまわらなくなる。

暴走マネーの供給源

ここでの大きな矛盾は、そうしたヘッジ・ファンドに資金を供給している資金源の中には、他ならぬ先進国のオフショア金融センターが含まれているという事実である。これまでの章で述べてきたように、世界のさまざまな場所からタックス・ヘイブンに流れ込む個人富裕層や機関投資家、メガ金融機関の巨額の資金が、投機マネーに姿を変えてマーケットに現れるのである。

そもそも、メガ金融機関がヘッジ・ファンドとほとんど全く同じような行動をとっている場合がある。投資銀行として知られている欧米のメガ金融機関などには、そういう行動がふつうに見られる。投資銀行とは、預金を元手に貸付けをする通常の商業銀行とは異なり、債券発行などによって機関投資家などから大規模な資金を調達し、それを運用する銀行である。

投資銀行は預金を取らないから、一般市民である預金者の保護を目的とする厳重な規制にかからないで済む。破綻したリーマン・ブラザーズやベア・スターンズなどは投資銀行の典型であった。

メガ金融機関にこうした投機的行動があると、ヘッジ・ファンドとそうでない金融機関との間に明確なラインを引くことができなくなってしまう。また、ヘッジ・ファンドの定義そのものが難しくなってくる。このことを念頭においておかないと、金融危機のメカニズムの理解が歪んでしまうかも知れない。

ファンド

このように眺めてくると、ソロスのクォンタム・ファンドなどのように典型的なヘッジ・ファンド以外にも、同じような行動様式をとる様々なファンドがあることがわかる。これらを狭い意味でのヘッジ・ファンドと同一視することは必ずしもできない。そこで、それらの資金運用者をひっくるめて、単に「ファンド」という名称で呼ぶことが多い。ただし、その場合は、論者によってイメージが異なる。

一般論としていえば、ファンドとは投資家から資金を集めて、投資して収益を上げ、それを投資家に分配する仕組みである。「投資ファンド」ともいう。ファンドにはいろいろな分類が可能だが、そのなかでもヘッジ・ファンドとプライベート・エクィティ・ファンド（ＰＥファンド）が際立つ。ＰＥファンドは企業を買収して優秀な人材を送り込み、数年かけて企業価値が高まったところで売り抜けるファンドである。

なお、株式や債券に対する投資を伝統的投資というのに対して、ファンドなどに対する投資をオルタナティブ投資という。

いずれにせよ、本書で「ヘッジ・ファンドなど」と言って記述している内容は、必ずしも典型的なヘッジ・ファンドに限るものではなく、一般には単に「ファンド」と言われているものを含んでいる場合がある。

典型的なヘッジ・ファンドは基本的には私募によって資金集めをする。公募の場合には一般の大衆投資家を保護するための法規制が厳しい。公募の典型例は投資信託であろう。

ヘッジ・ファンドは、タックス・ヘイブンないしオフショア金融センターで設立されていることが多い。これは、タックス・ヘイブンの重要三要素である、税制、秘密保全、規制監督法制などを考えての選択である。たとえば、ソロスのクォンタム・ファンドはキュラソーで設立された。そのほか、デラウェア州法にもとづいて設立されるものもある。

ヘッジ・ファンドの定義が厳密でないため、集まるデータもまちまちである。IMFの報告書に少し古いデータもあるが、公には姿を現さないヘッジ・ファンドもあれば、偽装されたヘッジ・ファンドもあり、データがどれだけ実態を反映しているかには注意が必要である。したがって、IMFであれ何であれ、入手できるデータは数字の桁数の感覚をつかむというぐらいの意味しかない。

加えて、さきに述べたように、ファンドや投資ファンドと呼ばれるものが行っていることも、ヘッジ・ファンドの行っていることと本質的に異なるところはほとんどない。ヘッジ・ファンドは保護すべき一般大衆投資家を直接のビジネスの対象としていないから、規制が緩いことぐらいしか相違はない。その意味でも、どこがヘッジ・ファンドで、どこがヘッジ・ファンドではないかの線引きが難しい。

かつて日本でアンダーグラウンド・エコノミーが大きな問題になったことがある。イタリアン・マフィアの地下経済が、経済の二重構造として議論を呼び、その議論が日本にも飛び火してきたのである。第二次大戦中に海軍将校としてレイテ沖海戦に従軍した経験をもつので、「元帥」のあだ名で呼ばれた主税局長がいた。その主税局長が、大蔵委員会でアンダーグラウンド・エコノミーについての質問攻めにあった。名答弁というべきであるが、「わからないからこそアンダーグラウンド・エコノミーなのであって、わかっていれば国税当局がとっくに課税していまるわけでありますす」と平然と答えた。質問者も二の句が継げなかった。ヘッジ・ファンドとて、これと同じである。

タックス・ヘイブンに設立された怪しげなヘッジ・ファンドの口車に乗せられて、大きな損害をこうむる事件も跡をたたない。マドフ事件はその典型である。投資家保護はひとつの課題ではあるが、少人数のプロの投資家が相手のヘッジ・ファンドの場合、金融商品取引法のような一般の大衆投資家を保護するための規制法の考え方とはズレが生じてしまうため、なかなか難しいのである。

2　繰り返す金融危機

最近約二〇年における金融・通貨危機を歴史年表風に並べてみよう(図5-1)。一九九〇年代に入ってから、金融危機・通貨危機が頻繁に起きていることが一目瞭然となる。これらの危機の特色は、ファイナンス理論の急速な発展にともなうマネー・ゲームが大きな役割を果たしていることである。というよりはむしろ、マネー・ゲームによって引き起こされた危機が大半であるというべきだろう。これらの危機のうちいくつかを見て、ポイントを指摘していこう。

ブラック・マンデー

一九八七年一〇月のブラック・マンデーは、一九二九年のブラック・サーズデーの下げ幅を上回るニューヨーク証券取引所の大暴落であった。この時点ですでにブラック＝ショールズ方程式などのファイナンス理論の急速な発展が背景にあり、また過剰な流動性の供給があった。加えて、コンピューターで自動的かつ瞬時の売り買いをするシステムも開発されており、一方向への動きがあると一斉にそれを追随するというバンドワゴン効果が出やすく仕組まれていた。

1987年	ブラック・マンデー
1990年	スウェーデン危機
1991年	BCCI破綻
1992年	ポンド危機
1990年代半ば	中南米経済危機（メキシコ，ブラジル，アルゼンチン）
1997年	アジア通貨危機
1998年	日本の金融危機 LTCM破綻 ロシアのデフォールト
2000年	ITバブル崩壊
2001年	エンロン・スキャンダル アルゼンチンのデフォールト
2005年	パルマラット・スキャンダル
2008年	リーマン・ショック
2012年	欧州通貨危機

図5-1　過去20年における主な金融・通貨危機

ブラック・マンデーとは結局、割安感のある株式市場にマネーが一気に流入しすぎて、それが今度は一斉に逃げ出したという現象である。過剰流動性の問題と国境を越えるマネーという金融危機における最大のポイントは、この時点でもうすでに見ることができる。

スウェーデン危機

一九九〇年のスウェーデン危機は、規制緩和による過剰流動性から生じた不動産バブルとその崩壊である。このとき、スウェーデン政府は金融機関に対する公的資金の投入を敢行し、構造改革を推進して経済の安定を図ることができた。大規模な金融危機に際しては、GDPの一〇%という大規模な公的資金が必要であるという相場観は、このときに形成されたように思われる。

図5-1には入れなかったが、アメリカの一九八〇年代における二度にわたるS&L危機の際の公的資金注入の規模も、GDPの一〇%という相場観の基礎になっている。S&Lとは貯蓄組合のようなものである。このGDPの一〇%という相場観は、後年、日本の金融危機の際に役立った。日本は概算で言って五〇〇兆円経済である。金融危機に際して日本国政府は当初六〇兆円を用意し、さらにこれを七〇兆円に増額した。

アジア通貨危機

一九九〇年代の初め、アジア経済はドルにペッグ(自国通貨を為替相場と結びつけること)しており、資本取引の自由化によってホット・マネーと呼ばれる短期資金が大量に流入し、外資の流入で繁栄を謳歌していた。ところが、タイのペッグは長続きしないと見たヘッジ・ファンドが、バーツを売り浴びせにかかった。これによってタイが外貨不足に陥ってIMFの支援を求めた。この危機は周辺国に一気に広まった。ヘッジ・ファンドが火付け役であったという点で、ポンド危機とアジア通貨危機は構造的には同じ面がある。

日本の金融当局は、大国インドネシアをアジア経済の最終防衛ラインと見て、徹底的な防御策を講じたが、マーケットの怒濤の売り浴びせにインドネシアも陥落するに至った。このとき筆者は、政策協議のためにスハルト大統領に会いに行く外務大臣に随行してジャカルタへ行った。街は建設途中のビルが林立していたが、すべて放置されていて惨めな外観であった。街の人びとも放心状態であった。

それからまもなく世界一〇位の経済力を誇った韓国もＩＭＦの管理下に入った。韓国のＧＤＰは実質マイナス五％を記録し、ウォンは一ドル二〇〇〇ウォン近くまで暴落した。外貨準備はほとんど底をついた。韓国の国民は自ら所有する指輪やネックレスなどの貴金属類を供出してまで国家の危機を防衛しようとした。

アジア通貨危機のポイントはいくつもあるが、ひとつは、国境を越える大量のマネーの前には政府の対抗策など無力だということである。さきにも述べたが、政府が動かせる資金量はマーケットのそれの比ではない。もうひとつは、一国の危機はただちに近隣諸国を巻き込むということである。ひとたびマーケットが浮き足立つや、たちまちコンテイジョン（伝染）を生じてしまう。

日本の金融危機――今そこにある危機

一九九八年に日本を襲った金融危機は、政策の失敗が引き起こした危機の典型である。日本は財政赤字に苦しむがゆえに、景気刺激策をとるときに金融緩和に依存しすぎた。このために過剰流動性が発生し、資産インフレが生じた。このときに日銀は、「土地・株などに資産インフレが生じているが、消費者物価指数などの上昇は生じていないから大丈夫である」という誤った判断をしてしまった。そして、気がついたときには、すでに空前のバブル経済になっていたのである。

そこで、過熱する経済をコントロールすべく急激な金融引締めにかかったが、今度はその引き締め方が急激に過ぎた。その結果、経済全体が急速に縮小し、負債・設備・雇用の「三つの過剰」に苦しむことになった。とくに、金融機関の貸出先が軒並み経営悪化に陥ったから、金融機関の債権が大量に不良債権化してしまった。このために、ほとんどが実質的債務超過に陥った。マネーという経済の血液を供給する機能が失われ、実体経済に必要以上に大きなダメージを与えた。

危機をもたらした元々のきっかけは当時の円高に対する恐怖心であり、不必要な景気刺激策をとろうとしたことにある。景気刺激と言っても、すでに財政は傷んでいたから、財政政策を発動させないために金融政策に負担を負わせすぎた。たんに景気を刺激するための金融緩和であったから、過剰流動性問題を引き起こしてバブルとなった。これはまずいと思って引き締めにかかると、今度は後先を顧みずに引き締め過ぎたからバブルは破裂して、その後約二〇年に及ぶ長期の停滞を招いた。これを政策の失敗と言わずしてなんと言おうか。

金融規制行政当局は何とか軟着陸(ソフト・ランディング)を試みようとしたが、危機の真っ只中にそんなことがうまく行くはずもない。

「日本の金融危機が、世界金融危機の引き金になるのではないか?」

戦々恐々の面持ちで見つめる各国の視線を浴びて、日本国政府も荒療治に乗り出さざるをえなくなった。六〇兆円の公的資金を用意して、これを投入することを決意した。しかし、眼前の危機を処理しなければならない局面に、軟着陸シナリオで対処しようとするところが官僚の愚かなところである。結局、マーケットによって日本長期信用銀行(日長銀)が引きずり倒されてしまい、強行着陸(ハード・ランディング)路線を取らざるをえなくなった。日本債券信用銀行(日債銀)は政府主導で破綻させられた。

筆者が傷んだ銀行の国有化という強行着陸シナリオを説明に行くと、当時の小渕恵三総理と野中広務官房長官はあっさりとゴーサインを出してくれた。それによって強襲揚陸作戦に出ることができた。あの二人がただちに何の迷いもなく決断してくれていなければ、本当に危なかったと思う。筆者は、金融監督庁の特別公的管理班として銀行の国有化の指揮を執って、死に体の金融機関を破綻させて国有化していった。おかげで特公班ではなく、「特攻班」というあだ名を頂戴した。

このころ、主要先進国の財務省・金融監督庁・中央銀行からなるFSF(金融安定化フォーラム)が立ち上げられた。その第一回会合の議題は当然、日本の金融危機である。日本発の世界金融システムの崩壊という眼前の恐怖に、各国の当局者たちは、暗黒の深淵を覗くような面持ちで青ざめていた。

参加各国の当局者は全員、「何でも協力するから、自分にできることがあったら何でも言ってくれ」と口々に申し出てきた。日本の政策の失敗をあげつらう発言などはまったくなかった。それほどに日本発の世界金融システムの崩壊というシナリオは「今そこにある危機」だったのである。

日本の金融危機——長期にわたる失政の積み重ね

一九七一年から後の日本経済の歴史は、経済運営の失敗による、見るも無惨な長い歴史と言うほかはない。

高度成長期に国庫は税収の豊富な自然増収で潤っていた。大雑把にいえば、自然増収の三分の一は真っ当な政策予算にあて、三分の一は減税にあて、残りの三分の一を無駄遣いにあてるという図式で財政運営は行われていた。

政治家は地元への利益誘導を優先した。そういう政治家でなければ有権者が選出しなかったからである。有権者の責任にも重いものがある。しかも議員定数の配分が農村部に傾斜しすぎていた。省庁は省益確保を優先した。族議員と官僚と業界団体の「鉄のトライアングル」体制は、田中角栄によってその完成形を見ることになった。税金を食い物にするタックス・イーターが日本中にあふれた。霞が関の官僚もこれにつられて、いつしか国益よりも省益を優先するメンタリティに染まっていき、志の高さを失っていった。官僚組織に身を置いていた筆者の実感である。

日本の高度経済成長は、三六〇円という超円安レートによる輸出によって支えられていたが、一九七一年のニクソン・ショックを契機に変動相場制へ移行すると急激な円高になり、輸出主導の日本の高度成長期は終わりを告げた。皮肉なことであるが、日本の社会福祉制度は同じ一九七一年の時点から整備が始まった。その本質的失敗は、従前のような税の自然増収がつづくことを前提にシステムを組んだことである。後知恵ではあるが、財政の辻褄が合わなくなることは当たり前のことであった。福祉元年は、財源が急激になくなりはじめる元年でもあったのである。

しかも悪いことに、円高によって景気が悪くなると、マスメディアを筆頭に日本社会全体が悲鳴を上げて、ケインズ的な財政の大盤振る舞いで解決を図った。財政は悪化する一方であった。いまや毎度毎度のことであるが、当時は大蔵省の力が日銀よりも強かったから、いきおい経済政策は金融緩和に依存することになる。結局、それが過剰流動性問題を引き起こして、バブル経済を誘発することになった。

変動相場制と円高は否応なしの与件であるから、円高ではやっていけない産業・企業は市場から退出させてしまうのが正しい。それを財政金融政策で救おうとすれば、生き残る資格のない産業・企業がゾンビとなって、いつまでも日本経済の足を引っ張ることになる。それに気づかずに保護政策をとりつづけた政治家も官僚もマスメディアも愚かであったと言わざるをえない。長期的に見れば、日本の経済政策運営の失敗は円高対応の拙劣さにある。経済学者や評論家がこの点を厳しく指摘しないのは不思議というほかはない。

金融行政にいたっては、保護行政と監督行政という相反する行政を大蔵省の同じ部局でやっていたのだから、うまく行くはずがなかった。しかも、担当部局である銀行局等の官僚には知識も能力も欠如していた。通達などを発遣する場合にも、三菱銀行と日本興業銀行にドラフトを書いてもらっているような水準であった。証券局はといえば野村證券に依存していた。

結果として大蔵省は、財務省と金融庁とに分割された。金融政策の決定権限も日銀に移譲された。財政政策と金融政策についてこれだけ失敗を重ねれば、それも当然であったと言うしかない。中央銀行に金融政策についての独立性が保障されている経済の方が、経済運営は成功している率が高い。

日本の財政は先進国で最悪の赤字財政である。政府長期債務残高はＧＤＰの二倍、単年度の国債発行額が税収よりも多いという惨状である。これでは消費税をいくら引き上げたところで焼け石に水であり、いつ時限爆弾が破裂しても不思議ではない。

ＬＴＣＭ破綻

ＬＴＣＭ（ロングターム・キャピタル・マネジメント）は、ノーベル経済学賞受賞者二名を抱えていたこともあって、最も高名なヘッジ・ファンドであった。

ＬＴＣＭは、巨額の資金を集めてファイナンス理論の最先端を行くヘッジ・ファンドとして有名であった。しかしながら、ちょっとした相場の読み違いが原因で一気に破綻の淵に追い込まれた。理論の最先端どころか、とくに複雑なファイナンス理論による投資を行っていたわけではなく、わずかな相場の不整合に金をつぎ込んで利ざやを稼いでいただけに過ぎなかった。

ＬＴＣＭは借り入れによってレバレッジを利かせた投機を行っていた。そのため、ＬＴＣＭがデフォールト(債務不履行)すると、波及効果で世界の金融機関、とくにアメリカの金融機関が連鎖倒産するドミノ現象の引き金を引いてしまう可能性があった。そこで、ニューヨーク連銀のマクドノー総裁が主要なメガ金融機関のトップをニューヨークにかき集めて、なかば強制的に資金を拠出させて急場をしのいだ。

マクドノー総裁はバーゼル委員会とＦＳＦのメンバー同士でもあったことから、筆者とはお互いによく知る間柄であった。ＬＴＣＭの騒ぎが終熄した後、マクドノー総裁が連邦議会に召喚されて、ＬＴＣＭを救済したことで責められているシーンをテレビの生中継で見た。折しも日本の金融危機の真っ最中である。あのマクドノー奉加帳がなければ、アメリカは大変なことになっていたであろう。

ＩＴ（情報技術）は新しい成長要因として期待が高まった。とくに、二〇〇〇年のＹ２Ｋ問題で中央銀行が大量に資金供給をしたことが貢献して、ＩＴ関係の株式が高騰した。いわゆるＩＴバブルである。しかしながら、ＩＴが巷間もてはやされるほどの企業利益効果を生まないとわかると、潮は瞬く間に引いて行って、ＩＴバブルは崩壊した。

バブル崩壊の最中にエンロンの不正経理問題が露見した。アメリカの会計基準（ＦＡＳ）は、きわめて細部まで厳格に定めてあるがゆえに、かえってその裏をかきやすい面がある。エンロンはこれを利用し、デリバティブ取引などを利用して粉飾を行っていた。ケイマンはその重要な舞台であった。エンロンは最終的に、二〇〇一年にチャプター・イレブンを申請した。チャプター・イレブンとは、日本の会社更生法に該当する規定である。

この不正会計操作に加担していたアーサー・アンダーセンも解散のやむなきに至った。アーサー・アンダーセンは世界のビッグ４ないしビッグ５の一角を占める名門会計事務所であったにもかかわらず、解散の憂き目に追い込まれたのである。

この騒動の教訓は、会計基準の透明性がないかぎりは正確なデータが得られないから、どのような処方箋も無意味であるということである。

3　危機の連鎖とリスク

高度金融商品の問題点

デリバティブそのほか、高度な数学を駆使した金融商品の問題点は、それがじつは何も生み出していないということである。言いかえれば、これらの金融商品が売り買いされることで、リスクの総量が減るわけではないということである。

もちろん、経済理論的に言うかぎりは、リスクをとる力がなく投資に踏み切れない場合でも、対価を支払って誰かにリスクを引き受けてもらえれば投資ができるようになり、投資は促進されることになる。「リスクを引き受ける」というサービスを提供して、その対価を受け取っているという意味では、新たな付加価値商品を生み出しているともいえる。

さきほども述べたCDS（クレディット・デフォールト・スワップ）は、ある企業が倒産して債券や株式がデフォールトした場合にこうむる損失を、誰か第三者に保証してもらうというデリバティブである。リスクを引き受けてもらう代わりに、その企業のリスクを計測して値決めし、定期的に一定の保証料を支払う必要がある。

一見賢そうなデリバティブで、素晴らしいリスク・ヘッジになるように見えるが、この金融商品の問題は、市場の総体として見ればリスクの総量をなんら減らしていないということである。すなわち、リスクをヘッジするといっても、それはそのリスクを他の誰かにお金を払って肩代わりしてもらっただけのことであるから、経済全体としてリスクが減るわけではない。あまりよい喩えではないかも知れないが、トランプのババ抜きで誰がババを持っているかが変わったに過ぎないというようなものである。

しかも、もっと悪いことには、ある企業が負っているリスクなど、外部からは正確に計算できないということがある。そこに格付け会社が登場して、「この企業の格付けはダブルＡプラスである」などともっともらしいことを言うから、みなそれを信じて行動する。

格付け会社がなければそれなりに困ることはあるから、その存在を否定するつもりは毛頭ないが、眉にはたっぷり唾をつけて聞く必要があるということである。リーマン・ショックの引き金となったサブプライム・ローン問題も、元はといえば格付け会社の格付けミスによるものである。あるいは意図的なミスであった可能性さえある。格付会社のスタンダード＆プアーズは米司法省の提訴を受けている。

トゥー・ビッグ・トゥー・フェイル

リーマンは破綻させられたのに、ＡＩＧは延命させてもらえた。この相違はどこにあるのだろうか。

リーマンを破綻させたとき当局の人間は、市場原理に従えば経営を誤ったものが倒産するのは当然であり、これは自然淘汰であって経済の法則どおりであると考えていた。しかしながら、いざ実際にリーマンが破綻してその影響が経済の隅々まで行き渡るようになってみると、「これは大変なことになった」ということに気がついた。大投資銀行の破綻の波及効果の大きさに慄然としたのである。このためにＡＩＧは急きょ救済してもらえる身分になった。

これは「大きすぎて潰せない」ということである。別に最近になって言われていることではなく、大きな金融機関が破綻して公的資金が入れられる場合には必ず聞く表現である。しかし、極めて重要な概念であって、英語で普通に「トゥー・ビッグ・トゥー・フェイル（too big to fail）」という。

リスクと連鎖

サブプライム・ローンのようないい加減なリスク商品が世界中に氾濫しているとすると、もともとあったどのリスクを誰が負担しているのかなどは見当もつかない。企業のリスクを計測してＣＤＳの値決めができるなどと考えること自体が間違っている。

一九九八年、日本長期信用銀行（日長銀）が特別公的管理に入った。特別公的管理とは実質的には国有化のことである。このときに、この国有化は破綻（デフォールト）かどうかということが大問題となった。ふつうデリバティブにはデフォールト条項がついていて、デフォールトが起きればその時点で即時に清算するということになっている。日長銀がデフォールトを起こしたということになると、日長銀が一方当事者であるデリバティブ商品のすべてが清算に入ることになる。その結果、世界中のどの金融機関がどこでどれほどの損害をこうむるのか、それがどのような副作用を引き起こすのかは、まったく見当もつかない。きわめて恐ろしい状況に陥った。

このとき必死の大活躍をしたのが、日銀の国際局である。世界中の中央銀行と密接に連絡をとって、「日長銀が国有化されたとしても破綻して清算に入るわけではない。デフォールト条項に該当することはない」と世界中の金融機関を説得して合意を取り付けた。ＩＳＤＡ（国際スワップ・デリバティブ協会）もこれを了承し、世界中のディーラーのＰＣ画面に、「ＬＴＣＢ（日長銀）はデフォールトしていない」というメッセージが昼夜を通して流れつづけた。

各国金融当局は、日本発の世界金融危機の深淵を覗く思いで固唾をのんで見守っていたが、日長銀はデフォールトしていないということで、辛くもその場は収まった。こうした日長銀の事態は、いわば金融の世界のキューバ危機であったが、いまでも当事者以外にはよく知られていないらしい。

世界が密接につながっているという事実

日長銀のエピソードは、結局、かくも複雑に世界中の金融システムは密接につながっているということを端的に示すものである。いま、誰が、どのようなリスクを保有しているかはわからないが、誰かが破綻すれば連鎖破綻が起きて、その影響は瞬時に国境を越えて世界に拡がる。

リスクの総量が減るどころか、デリバティブでうまく見せかけられていなければ、そもそも誰もとらなかったようなリスクが平気で買われるようになっている。世界が保有しているリスクはむしろ増大しているのである。さらには、そのリスクは大抵の場合、過小評価されているから、リスクの度合いはなお一層大きくなっている。

世界はこのように一つにつながっている。文字どおりのグローバル・エコノミーである。地球は自転しているから、世界中のどこかの国は必ず営業時間内にある。つまり、市場は二四時間休みなく動いている。G7でもG8でも、当事国の財務大臣、金融監督庁長官、中央銀行総裁には、就寝中にも他国のカウンター・パートから電話がかかってきて、ベッドの中で重要な意思決定をしなければならない。とくに中央銀行総裁は、同業者意識が強いからであろうか、夜中にたたき起こされることが少なくない。枕元にまで通訳はいない。英語で話せなければ、中央銀行総裁は務まらないわけである。言葉が通じなければ、日本は無視されることになりかねない。

日銀総裁が国際畑の出身であることは、国益という観点からは良いことである。国会は、英語を話せない日銀総裁については人事の承認をするべきではない。蛇足だが、さらにいえば、財務相、総理をめざす政治家は、英語を話すことができなければならない。

ヘッジ・ファンドの害悪

ヘッジ・ファンドは、世界経済にダメージを与える存在であり、有害である。ヘッジ・ファンドに危険なマネー・ゲームをさせるべきではない。LTCMのミスによって、マクドノー総裁はどれだけの苦労をして資金集めをしなければならなかったか。タイ、インドネシア、韓国の善良で勤勉な国民は、どれほどの苦労を強いられたか。

「ヘッジ・ファンドが裁定取引を行うことによって経済の効率化が進むから、ヘッジ・ファンドのような存在も結局は人々の役に立っている」などと言う者もいるが、戯言《たわごと》である。ヘッジ・ファンドの活動が経済の効率化に役立つなどということは、仮にあったとしても微々たるものにすぎない。

メガ金融機関がハイ・リスクの投資をして大損をすれば公的資金が注入されて国民の税金が使われるが、ヘッジ・ファンドならば救済に税金が投じられることはないなどという言い訳もある。ＬＴＣＭの破綻やアジア通貨危機を忘却した愚論である。

ヘッジ・ファンドが行っていることは、マネー・ゲームに狂奔して巨額の資金を動かし、世界経済に深刻な危機をもたらすことだけである。差し引きで見ても、ヘッジ・ファンドのもたらす害悪の方が圧倒的に大きい。

4　タックス・ヘイブンの害悪

ヘッジ・ファンドに活動の場を与えるタックス・ヘイブンの罪もまた大きい。

現在、専門家たちの間では、「ロンドンもニューヨークも、ともにタックス・ヘイブンである」と言われることがある。筆者も講演会などで指摘することだが、聴衆の人たちはそれを聞いてキョトンとする。おそらく、タックス・ヘイブンといえば、椰子の茂るカリブの島というイメージがあるからであろう。

「ロンドンもニューヨークも、ともにタックス・ヘイブンである」と言うときには、「タックス・ヘイブンとオフショア金融センターとは、どちらも同じものである」という前提に立っている。椰子の茂るカリブの島というイメージでタックス・ヘイブンを捉えるのであれば、両者は異なるものに見えるかも知れない。しかし、世界経済の危機に果たしている機能という観点から見るならば、タックス・ヘイブンもオフショア金融センターも、ともに同じものである。

そして、あからさまには言わないが、「マネー・ゲームという悪事に加担していることからすれば、ロンドンとニューヨークの方が、よほどタチが悪い」という意味が込められていることも知っておくべきである。

ヨーロッパにはスイスやルクセンブルクなど、ロンドン以外にも群小のオフショア金融センターがある。ヨーロッパ以外の地域にも当然ある。これらも大なり小なり同じ穴の狢《むじな》であるが、一応別物と考えて、タックス・ヘイブンの全体を、

①椰子の茂るタックス・ヘイブン

② 群小のオフショア金融センター
③ ロンドンとニューヨーク

という三つのカテゴリーに分けて考えることにしよう。この章では最後に、これら三つのカテゴリーに分けられるタックス・ヘイブンが、世界経済にどんな害悪を及ぼしているかを見ていくことにする。

椰子の茂るカリブの島

まず、椰子の茂るカリブの島について検討してみよう。

第1章でも述べたように、たしかに椰子の茂るカリブの島は、富裕層に税金逃れの場所を提供しているという意味で、まじめに働いている人々の税負担を増やしている。少なくともそういうことに手を貸している。また、マネー・ロンダリングやテロ資金の隠蔽という点では、椰子の茂るカリブの島は、凶悪な犯罪を幇助《ほうじょ》している。

さらに、非常に重要なことは、これらの島々をマネーが通過すると、そこから先のマネーの行き場所がわからなくなってしまうことである。ヘッジ・ファンドは椰子の茂るカリブの島を巧妙につかい、資金の流れの全貌がつかめないようにしている。こうして椰子の茂るカリブの島は、巨額のマネー・ゲームの一翼を担うことによって、世界経済に間断なく危機をもたらしている。世界中で汗水流して働いているまじめな人々の生活を脅かすことに加担しているのである。

他方、そのプロセスのなかで島にカネが落ちて、島の住民が非常に潤っているのかというと、そういうことはまったくない。これらの島の住民は、島がタックス・ヘイブンになっていなければ、漁業で貧しく身をたてる以外に生活の術はなかったであろう。たまたま、島が悪事の舞台になったことによって、ほんのわずかではあるが分け前をもらって、ある程度の水準の生活ができているにすぎない。それは実際にカリブの島に行けば目に見えてわかる。

とすると、悪いのは椰子の茂るカリブの島を利用する、マネー・ゲームのプレイヤーなのであろうか。このような問いかけの仕方をすると、全米ライフル協会のお決まりの言い分を思い起こさないではいられない。銃器を用いた犯罪はアメリカ中にはびこっている。そこで銃の所持規制を求める声が上がると、全米ライフル協会は決まって、「銃が悪いわけではない。銃そのものは何も悪いことはしない。悪いのは銃を使って犯罪をする人間である」と声高に主張する。

このような愚かな主張を真に受けているアメリカ人が多いというわけではない。銃器の所持には憲法上の保障（修正第二条）があり、全米ライフル協会の巨額の政治献金によって議会も身動きがとれず、法規制がかけられないのである。

タックス・ヘイブンも同じである。「タックス・ヘイブンが悪いわけではなく、タックス・ヘイブンを利用して悪事をはたらく人間が悪い」などという、愚にもつかぬ理屈が成り立つはずがない。タックス・ヘイブンはその存在自体が悪である。そこを見誤ってはならない。タックス・ヘイブン退治は重要な課題である。これも第6章で見よう。

群小のオフショア金融センター

先進国のオフショア金融センターも大同小異である。オーストリア、ベルギー、ルクセンブルク、スイスの金融センターが、カリブ的なタックス・ヘイブンと同じであることは多言を要さない。しかも、自国の経済基盤に深く食い込んでいるから始末が悪い。

中国の香港とマカオという二つの特別行政区（ＳＡＲ）は、第1章で見たように中国政府の強硬な反対によって、グローバル・フォーラムのタックス・ヘイブン・リストから存在が抹消されたという経緯がある（ただし、現在は二つともリストに明記されている）。推して知るべしである。

ロンドン＝シティ

ロンドンがオンショア・オフショア一体型のオフショア金融センターであることや、足下にガーンジー、ジャージー、マン島という女王陛下の直轄領のタックス・ヘイブンを抱えていること、そして旧植民地であるケイマン、バハマ、バミューダ、ＢＶＩなどの椰子の茂るカリブの島を擁して同心円的な重層構造をなしていることは、第1章で述べた。シティはこのような構造をもって、グローバルに金融取引を展開し、金融による覇権を握る中核的なセンターとなっている。

英国は独自の文化を誇る。メイフェアのクラブなどはその典型である。バッキンガム宮殿に近いペル・メル(Pall Mallという綴りであるが、正しい発音はペル・メルである)などに古式豊かなクラブが散在している。ここでオックス・ブリッジ出身の、大英帝国時代そのもののような英国紳士が集って寛ぎつつ、情報交換をする。アメリカの証券取引委員会(ＳＥＣ)によるインサイダー情報の取締りなどという報道を見ると、そのクラブの風景が目に浮かんできてしまって、「はて、あれは何であったのだろうか」などと考えてしまう。

ロイズ・オブ・ロンドンはシティにある保険の会員組織である。ネームと呼ばれる会員は、かつては無限責任であった。このため、失敗して無一文になった伝統ある家系の資産がマーケットに出回るようになる。名画やマナーハウスと呼ばれるような田舎の大豪邸などである。バブル華やかなりし頃、日本の金融機関はこぞってシティに進出して、日本人金融マンは肩で風を切って歩いていたものである。これに目を付けたイングランド銀行は、ある伝統を誇るマーチャント・バンクの買取りを持ちかけた。このような古き良き時代からの名門マーチャント・バンクの買取りができるようであれば、日本の金融機関としても大変に誇らしい出来事である。そこで買取りがなされた。日英同盟が締結されたときの喜び方もこれほどであったかと思われた。ところが、買ってきて蓋を開けてみて驚愕した。何と中身は不良債権のかたまりで、腐りきっていたのである。その辻褄を合わせるために、買った金融機関の屋台骨が揺らぐような巨額の資金を要した。

要するに騙されてババをつかまされたようなものである。しかしながら、結局のところババをつかまされた金融機関は今も安泰で普通に営業をしている。底なしと思われるほどの巨額の損失を吸収して、なおかつ平然としているのであるから、これは正直なところ大したものであると言わなければならない。後に残るのは騙した側の狡猾さである。

金融というものはそういう側面がある。取り扱っている金は、人が額に汗して稼いだ金である。それを転がして儲けを挙げるというビジネスの性格からの本質であろうか。資本主義の強欲(グリード)を押さえなければ暴走を真っ先に始めるのもこの金融セクターである。

シティの権益は、英国の国益に直結している。英国大蔵省のジェントルマンといえども、シティの権益を擁護するためには、なりふりかまわぬ、あからさまな言動もいとわない。国際政治の世界では、国益、権益を守るためならばどんなことでもする。一九九八年からの金融危機の際、日本の金融機関は、外国のプレデター(肉食獣)のようなメガ金融機関に、いいように食い物にされた。

日本も対抗してプレデターになれと言いたいわけではない。そもそも日本人の国民性からすればどだい無理な話であるし、そういう選択をするべきでもない。ただ、そうした過酷な現実に対する認識をもっと深めておかなくてはならないということである。

駅のホームに立つときは、ホームの端から離れて立たなければいけない。これは日本という国自体にも当てはまる警告である。

ニューヨーク=ウォール・ストリート

ニューヨークにはインターナショナル・バンキング・ファシリティ(IBF)がある。これは第1章で述べたオフショアの二類型のうち、内外分離型に属するオフショア・センターである。

また、アメリカは、米領バージン・アイランド、パナマ、マーシャル群島、リベリアなど、旧植民地系のタックス・ヘイブンを持ち、さらに地理的にもすぐのフロリダの沖合に、ケイマンやバハマ、バミューダ、BVIなどがある。アメリカの金融センターもまた、英国と同じく重層構造をなしているのである。

アメリカでは非居住者の銀行預金の利子は非課税とされている。銀行は非居住者の預金の利子については、IRS(内国歳入庁)への報告義務がなかった。これは大きなループ・ホールであって、税金をみすみす取り逃がしているようなものである。しかも、居住者が非居住者を装っているケースが多々あるから、非常な害悪をもたらしていた。このような仕組みを温存しているようでは、スイスなど他国の銀行秘密法制を非難する資格すらないと言われても仕方がない。

ただし、長年にわたる開示論争を経て、二〇一二年にようやく財務省規則が改正されて、IRSに対する報告義務が課されることになった。この方針転換は、FATCAの施行に対応するものであろう。FATCAとは、「外国口座税務コンプライアンス法」の略称である。外国金融機関(FFI)がIRSと契約を結んで、FFIの口座についてIRSに報告を行うというものである。二〇一三年から施行されている。契約を結ばなければ三〇%の源泉徴収というペナルティが待っているので、日本も含めて各国の金融機関は動揺した。

国内の税法(内国歳入法典)のループ・ホールという観点からの害悪もある。さきにも述べたように、アメリカでは日本のような確定決算主義とは異なって、企業会計と税務会計が互いに別方向を向いている。この相違を巧みに利用して、大企業が巨額の利益を上げて株主に配当をしつつ、他方ではほとんど法人所得税を負担していないということが、ごく普通に行われている。法人所得税をまっとうに納めたりすると、株主総会で糾弾されてしまう恐れがあるほどである。そこで、タックス・シェルター(節税商品)などが多用されているのである。

また、ドメスティック・タックス・ヘイブンの問題がある。ニューヨークからアムトラックで南西へ向かい、フィラデルフィアを過ぎたところにデラウェア州がある。ここの州法の規制が緩い。あまたあるアメリカの大企業の設立準拠法は、多くがデラウェア州の会社法である。そして、世界のヘッジ・ファンドの半数は、デラウェア州法にもとづいて設立されている。

アメリカにおける金融監督行政は、総じて厳格であるといえるであろう。ただし、いくつもの組織があって、それぞれの管轄が細分化されている。銀行監督行政であれば財務省の一部局である通貨監督庁(OCC)、連邦準備銀行(FRB)などである。さらに州レベルでも銀行監督機関があるが、能力は高くない。証券監督行政については、有名な証券取引委員会(SEC)がある。デリバティブについては、商品先物取引委員会(CFTC)の管轄である。保険行政はそもそも連邦レベルのものはなく、州政府の所管であるから五〇もの監督当局がある。

このように規制機関が乱立気味だからといって、規制や監督が効率的でないとまでは言わない。ただ、そのお膝元で、HSBC、スタンダード・チャータードなどのマネー・ロンダリング事件が多発しているのは事実である。もっとも、当局に調査する能力があるからこそ、そうした事件が明るみに出ているともいえる。なにしろ、麻薬カルテルとテロ組織は、アメリカ国内で旺盛に活動しているのである。

9・11のあとでアメリカは、情報機関の分立と連携の悪さが非常に問題であると考えた。このため、多数の法執行機関が統合されてホームランド・セキュリティ省(国土安全保障省)が作られた。金融行政当局もやがて統一されることになるかも知れない。

ウォール・ストリートは政治力が強いことも考慮しなければならない。その資金力を駆使して、連邦政府、連邦議会に政治的影響力を行使する。クリントン政権のルービン財務長官はゴールドマン・サックスから政権入りして、退任して民間に戻るときにはシティ・グループに入った。

世界貿易センター・ビルは、ウォール・ストリートとは何ブロックも離れていなかったから、

９・１１の大惨事はウォール・ストリートを支配する者たちにもすさまじい衝撃を与えた。いまのウォール・ストリートは、金融規制強化による利益の喪失とテロリズムの脅威とを秤にかけて、微妙な綱渡りをしているところであるが、全体として見れば規制は明らかに厳しくなっている。後述するボルカー・ルールは規制強化の典型であり、機能不全を批判されたバーゼルⅡに代わって作られたバーゼルⅢも同様である。

第6章　対抗策の模索

1　仕組みに潜む課題

所得逃れの道具立て

高額所得者や大企業には節税商品を買うという形の租税回避の手段がある。節税商品はタックス・ヘイブンを使って作られる。その場合のタックス・ヘイブンは椰子の茂るタックス・ヘイブンに限らない。香港やシンガポールも使うし、ルクセンブルクやスイスも使う。アメリカのパートナーシップや、欧米の信託などを使うことも多い。

信託は、イングランドにおいて発生した、十字軍の昔にもさかのぼる仕組みである。封建諸侯が十字軍などに出征しているうちに王権によって所領を奪われないよう、教会に寄進した形をとるということから生まれた。王権側のコモンロー裁判所はこれを否認しつづけたが、やがて、衡平法裁判所(エクィティ・コート)によって認められるに至った。

このような歴史を背負った信託制度であるから、事のよしあしはともかくとして、信託と税制とはまったく相性が悪い。課税当局も、反面調査の相手方としては信託銀行がもっとも厄介であるという。

多様な事業体の問題

個人ではなく、かといって法人ともいえない中間的な法律的存在を「多様な事業体」という。パートナーシップや信託はこれに当たる。そのほかにもさまざまな多様な事業体があって、LPS、LLPなどと呼ばれるものもある。バブルの後遺症に悩む日本経済の再生のために、日本でもこのような形態の事業体を積極的に導入することとして、日本版LPS法や日本版LLP法が作られた。

海外のこれらの事業体は、うまく使えば節税商品の部品になる。これを通じて、海を越えてタックス・ヘイブンに資金を流し、次のステップに進んでしまえば、資金の行方はもうわからなくなる。とくに、各国をぐるぐると回して、その国にしかない珍獣のような仕組みでも利用されたら最後、奇跡的な場合を除いて発見は難しい。さらに、脱税資金や犯罪収益のマネー・ロンダリングであれば、意図的な隠蔽であるだけに発見は非常に困難である。

情報交換の問題

こうなると、CFC税制(タックス・ヘイブン対策税制)などは、存在することがわかっている外国子会社の、存在することがわかっている未配当の所得にしか適用されないから、かわいらしい税制であるとさえ思えてしまう。

「情報交換が重要である」などといくら言っても、相手国政府の協力がなければどうにもならない。税務の現場で外国政府から情報を取る必要が生じたとき、相手国政府が協力的な場合であってさえ数カ月もかかる。「情報交換が有益な手段だ」などと言えば、税務の一線からは苦笑いされるだけである。情報をもらえず三カ月ほども待たされたあげく、やっと回答が返ってきたと思ったら「何もありません」と言われることも少なくないのである。

もちろん、情報交換制度がないよりも良いことは間違いないし、実際に成果が挙がることもある。しかしながら、タックス・ヘイブンというものが世界中のあちこちにあって、協力する気がないか、あるいは協力しようにもその能力がないとなれば、マネーの隠匿はいくらでも可能というのが実態である。

ましてや、そのタックス・ヘイブンが先進国の中にあって、目から鼻に抜けるように賢いヘッジ・ファンドのクォンツが知恵を絞ってかかってくれば、とても太刀打ちできない。

情報開示の成功・不成功

情報開示の枠組みを作ることについては、国際的なプレッシャーの中でうまくいったケースもあれば、同じことをやったのに失敗したケースもある。

第1章で紹介したように二〇〇九年四月二日のグローバル・フォーラムのリスト公表においては、オーストリア、ベルギー、ルクセンブルク、スイスの四カ国が屈服して、情報交換に関する態度を大きく変更するに至った。

しかし、グローバル・フォーラムのリストは、功罪相半ばといったところであろう。椰子の茂るタックス・ヘイブンは、そもそも初めから良いカテゴリーに紛れ込むのに成功しているか、または実行できないし実行する気もない約束をして、汚名を着るのを避けたかのどちらかにすぎない。たとえば、ブリティッシュ・バージン・アイランド(BVI)はB1のグループに入っている(四〇頁参照)。

これとは逆に本当に成果を挙げたのは、UBSに対するアメリカの強引極まる力技である。さらに今後は、第2章で紹介したアメリカのFATCA(外国口座税務コンプライアンス法)がどう機能するのかも見なければならない。

2　タックス・ヘイブン退治

タックス・ヘイブンは、世界中の額に汗して働く一般市民に大きな経済的被害を与えている。したがって、罰や制裁を加えて取り締まらなくてはならない。これは議論の余地のない事柄である。

タックス・ヘイブンの取締りに当たっては、第5章で示したタックス・ヘイブンの三つの類型ごとにそれぞれ処方箋が異なる。

椰子の茂るタックス・ヘイブンへの対策

タックス・ヘイブンの根本的な退治はきわめて難しい。既存のタックス・ヘイブンを潰しても、そこに空いた間隙を埋めて自国経済の発展を求める国や地域は跡を絶たないからである。「浜の真砂は尽きるとも世に盗人の種は尽きまじ」なのである。しかし、そんなことを言っていては何も始まらない。泥棒を捕まえても後から後から泥棒は出てくる。だからといって、警察が泥棒の取締りをしても仕方がない、という結論にはならない。

椰子の茂るタックス・ヘイブンはその存在自体が害悪である。自主的に改善努力をするなどということはおよそ考え難い。したがって、そういう相手に対しては、国際経済とのつながりを断ち切るという方法がもっとも有効である。

問題は、椰子の茂るタックス・ヘイブンに裏口からこっそり入り込んで利用しようとするシティやウォール・ストリート、その他の群小の金融センターである。そのすべてを押さえることは、メキシコやコロンビアからアメリカに流入する麻薬を押さえるのにも匹敵する難易度である。

しかし、だからこそ、先進国は一致団結して椰子の茂るタックス・ヘイブンとの取引を断つことに協力しなければならない。現在のところ、国際社会においては対策として情報交換が重視されているが、情報収集能力もない政府に情報を出す約束をさせるだけでは事態は好転しないのである。

他方、椰子の茂るタックス・ヘイブンを押さえ込んだとすると、これら島々の住民は元の貧しい生活に戻ってしまうことになる。そこで同時に、住民が生計を立てる道も考える必要がある。これは、インドシナ半島の黄金の三角地帯や西アジア一帯で、罌粟《けし》の栽培をする以外に生活の方法がない農民に、代わりになる有用な農産物の栽培を教えようとする試みに似ている。

これもまた難しい課題である。

群小の金融センターへの対策

他方、椰子は茂っていなくとも、リヒテンシュタインやモナコのような群小のオフショア金融センターも害悪をもたらしている点では同じである。オーストリア、ベルギー、ルクセンブルク、スイスのような先進国の群小オフショア金融センターには、名前を明示して国際社会を挙げて批判するのが効果的であることは、すでに経験済みである。また、アメリカのＩＲＳ（内国歳入庁）がＵＢＳに対してとった強硬策なども多大な効果があった。

中国のような国が新規参入してきた場合はどうであろうか。何かの不祥事を暴かれるようなことがあれば、中国政府といえども沈黙する。これは、マカオの北朝鮮の秘密口座のエピソードから読み取ることができる。常時監視下に置いて何らかの不当なことがあれば公表するのが有効かも知れない。

ロンドン、ニューヨークへの対策

もっとも手強い相手は、ロンドン、ニューヨークの巨大オフショア金融センターである。

まずニューヨークだが、連邦政府は9・11を経験してからは、テロの防遏《ぼうあつ》に役立つ規制にはかなり真剣に取り組んでいる。また、リーマン・ショック直後には、G20首脳会議の第一回と第三回をワシントンとピッツバーグでホストしたぐらいであるから、マネーの暴走の抑制についても意欲盛んと見てよいだろう。ボルカー・ルール(後述)も導入された。あとは、政府が金融機関やヘッジ・ファンドの強欲(グリード)を実際にどこまで抑え込むことができるかの問題である。

一方、ウォール・ストリートに比較して、シティとの対決はかなりの困難が予想される。英国は官民一体となって国益、権益を守ろうとするであろう。英国は、いかなる手段をとることになろうとも、世界の金融センターという現在の地位を守らなければならない。国家の命運がかかっているからである。

そのようなことであるから、もし仮に英国がタックス・ヘイブン対策を強化しようとか、マネーをコントロールするアイデアや施策を出してきたとしても信じることはできない。それは、他の金融センターの力を弱めることによって、シティの相対的な地位の一層の強化を図るためかも知れないからである。英国を相手にタフな外交交渉を行った経験があれば、誰でもわかることである。シティに対しては、このあと第3節で示す、マネーの増大を抑える政策合意が効き目があるであろう。

国際的プレッシャー

タックス・ヘイブンは有害な存在であり、タックス・ヘイブン退治を進めていくことはなんとしても必要である。そのもっとも有効な方法は、結局のところ、国際的に歩調を合わせたプレッシャーの強化である。

これまでに筆者は、国際的なプレッシャーが竜頭蛇尾に終わったことを繰り返し綿密に説明してきた。だからといって、無駄だからやめてしまえという結論になることは決してない。

タックス・ヘイブンが国際的な批判に対して予想以上に弱いことは、二〇〇九年四月二日のグローバル・フォーラムのブラックリストによって発見することができた。そうであるならば、そのあとでどこがうまく行かなかったかをよく検討して改めればよい。

一番悪いのは、タックス・ヘイブン退治に乗り気であると見せながら、舞台裏で自国の権益を守ろうとしている先進経済大国である。その実態を明らかにすることが、はじめの一歩となる。

3　ヘッジ・ファンド退治

人間の強欲

大きなリターンを求め、国境を越えて無秩序に動き回り、その結果として無辜《むこ》の一般市民に被害をもたらす投機マネーは、有害きわまりない。一九九〇年代以降の災厄の数々は、すでに見たとおり、いずれも過剰なマネーの奔流が引き金になっている。これを制圧しないかぎり、危機は何度でも繰り返すであろう。

こうした人間の強欲(グリード)に突き動かされた有害なマネーを正当化したい立場の人びとにとって、一番もっともらしい理論づけになるのは、いわゆる新自由主義の経済理論である。その新自由主義の下、人間の強欲は、マネー・ゲームによって収益率を飛躍的に高められることに気がついた。

一九九〇年代以降の相次ぐ金融危機は、人間の強欲がもたらした惨禍の典型である。その原因ははっきりしており、また対処策も見当はついている。原因も対処策もはっきりしているのに、それを正す手段がないなどということがあろうか。もはや、なすべきことをなすのみであ

図6-1　ヒュドラ
ヘッジ・ファンドはギリシャ神話の怪獣ヒュドラにも喩えられるだろう．首を何度切り落としても生きながらえる，しぶとい存在である．所蔵・提供：国立西洋美術館．ゼーバルト・ベーハム作「ヒュドラを退治するヘラクレス」

る。とくに、ヒュドラのごときヘッジ・ファンドが動かす巨大なマネーの奔流は有害であり、これに適切な規制をかけることが必要である。ヘッジ・ファンド退治は、タックス・ヘイブン退治に比べればより容易である。国家主権の問題を生じにくいからである。

ボルカー・ルールとAIFM

ヘッジ・ファンド退治のもっとも有効な方法は、兵糧攻めである。動かすマネーがなければ、さすがのヘッジ・ファンドも動くに動けない。

それでは、ヘッジ・ファンドへの資金提供者は誰なのか。当初は富裕層の個人であったが、やがて公的年金基金や保険会社や私立大学のような機関投資家、さらには多国籍企業の大法人などが加わっていった。大損を出して破綻寸前の企業もいくつも数え上げることができる。

メガ金融機関がヘッジ・ファンドに巨額の資金を入れ、監督行政の目を逃れて投機に走るということも多分にある。アメリカでボルカー・ルールがドッド・フランク法によって導入されたことが、その何よりの証拠である。

ボルカー・ルールとは、アメリカの金融機関に対してリスクの大きい取引を制限する規制立法である。アメリカの金融当局がこうした規制をかけるのは、国内の金融機関がしばしばヘッジ・ファンドに資金を供給したり、あるいは自らヘッジ・ファンドのような行動をとるからである。

ボルカー・ルールの内容を要約すると、

①ヘッジ・ファンドやＰＥファンド（プライベート・エクイティ・ファンド）への投資の禁止

②自己勘定での証券売買やデリバティブ取引の禁止

などである。

ポール・ボルカーは、アラン・グリーンスパンの前のＦＲＢ議長である。グリーンスパンが神のように崇められていたときには、その陰になって忘れ去られていたが、グリーンスパンの退任後、「グリーンスパンのやってきたことは果たして本当に世のため人のために役立ったのか」という疑問が出てきた。それによって、ボルカーの復権があったともいえる。

ボルカー・ルールの①にあるように、メガ金融機関、その他の資金提供者がヘッジ・ファンドに資金を提供することを阻止できれば、世界金融危機の頻発という事態を避けることができ、タックス・ヘイブン問題の解決も一歩前進になるであろう。

EUにおいてもAIFMという指令がある。ヘッジ・ファンドやPEファンドなど、オルタナティブ投資ファンドに規制をかけるものである。二〇一一年に発せられ、その施行のための法規も二〇一二年一二月に出されている。

また、兵糧攻めには、後述するグローバル・プルーデンシャル・レギュレーションが重要な役割を果たしていくはずである。グローバル・プルーデンシャル・レギュレーションとは、国際的な枠組みで協力しつつ、金融機関の行為規制を行っていくことである。金融機関がリスクをとり過ぎて破綻するような事態を避けるのが最大の目的である。この目的に向けては、FSB(ファイナンシャル・スタビリティ・ボード)の役割が現在もっとも重要である。

戦術に規制をかける

ヘッジ・ファンドの三大戦術兵器は、

①レバレッジ

②ショート・セリング（空売り）

③デリバティブ

である。ならば、これらの戦術に規制をかければ効き目があるであろう。

必ずしもヘッジ・ファンドに関連するものではないが、たとえばFX取引については最近、日本でレバレッジの規制が強化された。

空売り規制はレバレッジ規制のひとつの形態であるということもできる。日本では金融商品取引法の改正によって、片仮名の名前のついた証券会社が軒並み金融庁の行政処分を受けている。スペインやイタリアなどでは、ユーロ危機の下で、ほぼ全面的な空売り規制を敷いた例がある。ドイツも空売り規制を導入した。金融庁は空売り規制の強化について、アメリカのレギュレーションMなど、欧米の規制を参考にして構想を練っているところである。後述するように、IOSCO（証券監督者国際機構）においても空売り規制の検討が進められている。

デリバティブの規制に関しては、まずOTCという概念を知る必要がある。OTCとはオーバー・ザ・カウンターの頭文字で、取引所などのようなマーケットにおける取引ではなく、売り手と買い手が差しで交渉する相対《あいたい》取引のことである。実際には金融機関の店頭で売買がなされるので、店頭取引ともいう。

EU、アメリカ、日本などの主要マーケットで制度の整備が行われつつある。日本では金融庁の検討会が二〇一一年一二月にとりまとめを公表している。アメリカでは、二〇一〇年にドッド・フランク法が成立しているが、OTCデリバティブの規制もその内容に含まれる。アメリカの担当官庁はCFTC(商品先物取引委員会)である。

以上のように、主権国家がそれぞれ規制に工夫をこらしていくことと同時に、国際的な協力の枠組みを構築していくことが必要不可欠である。FSBはその中心となる。

規制機関も銀行・証券・保険の三分野をまとめて一つの機関で監督する方がよいという考え方がある。英国のFSA、日本の金融庁、ドイツの金融監督庁などがその例である。

ところが、その正反対の極にアメリカがある。アメリカの場合、SEC(証券取引委員会)があまりにも強力で、銀証保それぞれの監督官庁の統合などということは考えられない。また、連邦制であるから、保険などは州の監督機構であり、これを統合するということも難しい。ホームランド・セキュリティの統合の例を参考にすべきであろう。

4　グローバル・プルーデンシャル・レギュレーション

FSB

FSB(ファイナンシャル・スタビリティ・ボード)はFSF(金融安定化フォーラム)を発展させた国際組織である。二〇〇九年のロンドンG20首脳会議のマンデートによる。IMF、世界銀行、BISなどの国際機関や、バーゼル銀行監督委員会、IOSCO、IAISなどの国際金融監督機構、IASB(国際会計基準審議会)もメンバーである。グローバル・プルーデンシャル・レギュレーションの中心的枠組みはFSBによるものであり、その前身FSFによる二〇〇八年の非常に重要な報告書がある。

FSBの議長はカナダ中央銀行のカーニー総裁である。この人はカナダ人であるにもかかわらず、イングランド銀行総裁に就任することになった。

FSBではシステム上重要な金融機関(SIFI)という概念を設けて課題としている。グローバルな金融システム上で重要な保険会社(G-SII)などである。店頭デリバティブ市場改革やシャドーバンク、LEI(後述)もFSBの課題とされている。

金融機関の規制1――銀行

メガ金融機関が、裏口からヘッジ・ファンドに資金を入れている。また、メガ金融機関自体がヘッジ・ファンドと同じような危険な投機を行っていることもある。しかし、メガ金融機関が大きな損失をこうむると、その影響と被害はとんでもないものになる。そこで、メガ金融機関がリスクを過剰にとらないように規制をかける必要がある。また、「大きすぎて潰せない(too big to fail)」ということがないようにすることが最重要となる。

金融機関にリスクをとらせない方法のひとつの典型的手法は、バーゼル規制として知られる銀行自己資本規制である。バーゼル自己資本規制は、金融システムの社会インフラとしての重要性に鑑みて、銀行が破綻のリスクを負わないように分厚い自己資本を持たせるとの考え方から始まった。巷間、「BIS規制」と呼ばれることもあるが、これは誤りである。バーゼル銀行監督委員会はBIS(国際決済銀行)に事務局が置かれているが、BISに属しているわけではない。

名前のことはともかく、一九八八年に合意されたのがバーゼルIである。バーゼルIによって銀行の自己資本として八%が要求されるという大原則がうち立てられた。引き続きマーケット・リスクについて、バリュー・アット・リスク（VaR）など、当時としては先端的なリスクの計量方法などが取り入れられた。ところが、バーゼルⅠがあまりにもあらっぽい規制だったので改正されることになり、さきに登場したビル・マクドノーNY連銀総裁のもとで、二〇〇四年、信用リスクに主眼をおいたバーゼルⅡが合意された。

ただ、バーゼルⅡは失敗であったともいわれる。リーマン・ショックに際してうまく機能しなかったではないか、というのがそのひとつの理由である。

そして、いまはバーゼルⅢの時代である。VaRがうまく機能しなかったことを踏まえて、新たに期待ショートフォール値（ES）というリスクの計算手法を取り入れている。この計算手法は名前だけ知っておけばよい。VaRよりは重いリスクの値をはじき出す。バーゼルⅢは、二〇一三年から段階的に実施されることになっている。二〇〇九年のG20首脳会議のピッツバーグ・サミットにおいて、早く実施してくれという圧力がかけられたためである。

バーゼル自己資本規制はそもそもレバレッジの規制である。自己資本規制があると、自己資本の量の何倍かまでしか借入れ（商業銀行の場合は預金）ができない。そうするとバランスシートの総額が頭打ちになり、銀行の貸出規模も制限される。こうすることによって、大きすぎて潰せないという大きな問題点にも縛りがかかることになる。この点は重要である。

なお、バーゼル合意には、じつは強制力があるわけではない。国際的取引を行う銀行が自主的に守るという建前である。守らなければ村八分にされて国際取引からはじき出されてしまう。だから守らざるをえないのである。グローバルな規制はこのようなものでしかありえないというべきか、このようなものでも機能するのだというべきか。その気にさえなればできることはあるのである。バーゼルⅢでは自己資本規制のほか、流動性規制も導入される。

金融機関の規制2――証券

証券監督者の国際機構はIOSCO(証券監督者国際機構)である。マドリードに本拠がある。IOSCOプリンシプルをはじめとして、いくつもの原則や基準を定めている。

IFRS(国際会計基準)が突然世界の注目を浴びることになったのは、二〇〇〇年にIOSCOがIFRSに対する支持を表明してからのことである。それまでのIFRSは、民間ベースのアカデミックな作業に過ぎなかった。

FSBとの関連では、シャドーバンクとOTCデリバティブ規制およびLEIを担当している。シャドーバンクとは通常の銀行とは別に、実際上は通常の銀行と同じ機能を果たしているのに、銀行規制のかからない形態の金融機関である。LEIとは法的主体の識別番号である。

証券業務に関しては、銀証分離の問題がある。アメリカでは長く、グラス・スティーガル法によって、銀証分離が行われてきた。これは大恐慌直後に、大恐慌の経験を踏まえて設けられた規制である。日本も戦後の証券取引法六五条によって、これにならった法制を敷いていた。

銀証分離の規制は、日米においても、国際化と規制緩和の波にのって次第にゆるめられ、金融機関の総合化が進められた。アメリカでは、シティ・バンクとＪＰモルガン・チェイスが、そのような構想のものとして総合金融機関として成立した。これにともなって、金融監督行政を行う規制官庁側の統合も進んだ。監督行政の総合化は、英国のＦＳＡ、日本の金融庁、ドイツの金融監督庁がその典型例である。

日本でもアメリカにならって金融機関の総合化が進められたが、日米ともに必ずしもうまく機能していない。シティ・グループは早々に保険を切り離してしまった。ヨーロッパのようなユニバーサル・バンキングの伝統のあるなしの相違であろうか。ボルカー・ルールの導入は、銀証分離に対する揺り戻しの方向性である。

銀行業務と証券業務をひとつの金融機関で行うことには、本質的な矛盾がある。たとえば、銀行が貸付先の企業経営状況が悪いから貸出債権を回収したいと考えたとする。そのときに、自己の証券部門でその貸出先に証券を発行させてマーケットで売りさばく。そして証券発行

（株式・社債）で得た資金を貸付金の返還にあてさせる。これによって金融機関としては、証券発行によって、自分の損失を一般投資家に肩代わりさせたことになる。

これを防ぐ方法は、金融機関内でファイア・ウォールを設けることである。しかしながら、金融機関内には同時に、リスクを集中管理するリスク・センターがなければならない。そして、このリスク・センターではファイア・ウォールを越えてリスクの全体状況を把握しなければならない。これを本質的に矛盾する要請と言わずして何と言おうか。

金融機関の規制3——保険

保険分野でも自己資本規制の一種としてソルベンシー・マージン規制があるが、保険の最大の問題はおそらく「再保険」というメカニズムにある。再保険とは、保険会社が自社で引き受けたリスクを背負いきれないと判断した場合に、これをさらに別の保険会社に再保険をかけてリスクの分散を図ることをいう。「出再《しゅっさい》」などとも言う。再保険に特化している会社もあり、世界的にはミュンヘンＲＥとかスイスＲＥなどが有名である。ＲＥはリインシュアランスの「リ」である。

問題は、保険が出再される過程で、どのリスクがどのルートでどこに引き受けられているのかがわからなくなり、グローバルに見て、リスクの担い手が見えなくなっていることである。

このため、いくつかの自然災害が複数同時に起きた場合に、保険・再保険のネットワークが一挙にパンクする可能性が否定できないという説がある。大規模に保険がかけられていて、災害が複数同時に起こった場合を懸念されているのは、①カリフォルニア州のサンアンドレアス断層の地震、②アメリカ大陸を通り抜ける巨大ハリケーン、③アメリカ中部の火山噴火(イエローストーンなどが考えられる)、④日本の太平洋岸の巨大地震、⑤英国を含めてヨーロッパを通り抜けるゲイル・フォース・ウィンド(という名の烈風)の五つなどがそれに当たると言われている。ただし、①ないし⑤のような事態が実際に複数起きてみなければ、何がどうなるか皆目見当もつかない。そのようなことであるから、この再保険一大危険説とて本当のことかどうかもわからない。

またFSBとの関連では、グローバルな金融システム上で重要な保険会社(G-SII)が議論されている。保険監督者の国際機構はIAIS(保険監督者国際機構)である。バーゼルのBISの建物の中に本拠がある。

5　新しい税のあり方

国際化の進展した現代においても、税制は国家主権の発動形態として最も大事なことであると理解されているようである。立憲民主主義の発祥が、税制にかかわる事柄であったという歴史的事実にも重みがある。

ＥＵでは、付加価値税のような基幹税においてさえ制度の統合が図れないでいる。ましてや法人税の課税ベースの統合の試みであるＣＣＣＴＢ(共通連結法人課税ベース)という案は進捗が停滞している。これがユーロ・ゾーンの中では金融政策の主権を放棄したＥＵの中でのことかと、目を疑うようなところがある。

しかしながら、経済の国際化、グローバル化は急速に進んでいるから、税制だけ国際化しないというわけにはいかない。ここでは現在構想され、一部導入されている新しい税の試みを紹介しよう。

トービン税

ノーベル経済学賞受賞者のジェームズ・トービンは、一九七二年にトービン税を提唱した。トービン税とは、国境を越えるクロスボーダーの通貨取引に課税して、投機マネーの過度の国際間移動にブレーキをかけようというものである。

一九七一年のニクソン・ショック（金とドルとの互換性の放棄）が引き金となって、世界は変動相場制の時代に突入した。トービンは、その直後の一九七二年にはすでに、クロスボーダーの金融取引に課税して、投機マネーの動きに歯止めをかけようと考えていた。これは時代の先の先を行く慧眼であって、驚くべきことである。

しかしながら、その後はかなり長きにわたって、トービン税構想は経済学の教科書の一トピックとして取り上げられる以上には、人びとの関心の対象となることはなかった。その理由ははっきりしている。「変動相場制には固定相場制では果たしえない経済的不均衡の調整機能がある」という考え方が、経済学者たちの間で支配的であったためである。

国際経済学は二つの領域に分かれる。貿易論と国際金融論である。貿易論は、貨幣を考慮せずに、財・サービスの貿易という経済事象を分析する学問領域である。国際金融論は、これとは異なり、貨幣を取り入れた国際的な経済分析をする分野であった。

世界的に変動相場制が定着してからおよそ一〇年の間は、国際金融論は、変動相場制をうまく取り扱う理論を構築できなかった。理論が現実のスピードについて行けず、現実を分析しきれなかったのである。ようやく理論の構築に成功したとき、この領域は、変動相場制を前提として貨幣的要因を考慮した国際マクロ経済学という形の理論に生まれ変わっていた。この学問領域は現在、「オープン・マクロ」と呼ばれている。

オープン・マクロのひとつの理論的な到達点が、マンデル＝フレミング理論である。この理論は、変動相場制の下で、財政政策と金融政策が経済にどのような影響を及ぼすかについて理論的枠組みを与えた。その結論は、固定相場制の下における財政政策と金融政策が経済に与える影響に比較すると、まったく異なる結論が導かれるものとなっている。

変動相場制そのものについては、「固定相場制にはない効率性がある」という肯定的な評価が与えられている時期があった。あるいは、実際には固定相場制を維持できるだけの力が各主権国家にはないのだから、変動相場制を前提にしない理論モデルを考えることは時間の無駄である、という暗黙の了解でもあったのかも知れない。

しかし、今日のように国境を越えて怒濤の勢いで流れ込むマネーがもたらす災禍を眼前に見るとき、変動相場制の調整機能なるものの限界が噴出してきていると言わずにはいられない。経済学はこの事態をただ手をこまねいて観察し、分析しているだけでよいのかという考えも頭をもたげてくる。

マンデルによる最適通貨圏の理論は、単一通貨が良いということを前提にしてその単一通貨でカバーできる経済の範囲はどこまでかを導こうとする理論である。そして、理論だけではなく現実に変動相場制が貿易障壁とならないようにと、単一通貨圏の実現に踏み切ったのがユーロであった。ヨーロッパは先進国の集合体であり、しかも国同士がぴっしりと肩を寄せ合っている。ヨーロッパでは長い時間をかけ、多大な労力を払ってユーロ・ゾーンを構築していった。しかし、ユーロ危機によって、いまやそのチャレンジも危機に直面している。

トービン税構想が再び注目されるようになったのは、一九九四年、メキシコ通貨危機がきっかけである。変動相場制の弊害が端的に見えるようになってきたちょうどその頃、長い眠りから覚め、真剣な検討対象としてよみがえってきた。マネーの奔流にブレーキをかける一案として、試みるに値するであろう。

国際連帯税

国際連帯税は、トービン税とは異なって、むしろ税収を何に使うかということの方に主要な関心がある構想である。そのアイデアは、国連ミレニアム・サミットにおいて提起され、二〇〇二年にメキシコのモンテレイで開かれた国連開発資金会議の場で、導入の具体的検討がなされた。

国際連帯税の税収の使途についてはいろいろな提案がなされており、すでに設立されているファシリティ(基金と考えればよい)などもある。国際連帯税として課税されている実例としては、現在のところでは、フランス、韓国など数カ国が導入している航空券連帯税がある。

トービン税も国際連帯税のひとつの候補として挙げられることもあるが、トービン税とは導入の目的が明白に異なることから、トービン税という名称を避けて「通貨取引開発税(CTDL)」という名称で呼ぶことも提唱されている。

EUにおける金融取引税構想

EUにおいては、現在、金融取引税の導入が進行中である。

金融取引税は、金融危機を引き起こした金融機関救済のために多額の公的資金が注入されていることに注目して、金融機関に貢献を求めることを目的としている。使途は特定していない。金融機関の間の株式、債券、デリバティブなど幅広い金融商品の取引に課税する。

ただし、外国為替には適用しないからクロスボーダーの資金移動を減速させようというトービン税的な考え方ではない。そもそもEU内では国境で課される税はない。素案が発表されたのは二〇一一年九月だが、税率は一%(デリバティブ取引については〇・一%)で、税収は五五〇億ユーロと試算されている。EU全体で導入するには、加盟二七カ国のすべての賛成が必要だが、英国が猛反対している。

EU内には「強化された協力実施手続き」という一部の加盟国だけで導入することができる仕組みがある。そこでこの仕組みを利用して、三分の一の加盟国九カ国だけで導入する手続きが進められた。ドイツ、フランスが主導して、イタリア、スペイン、ベルギーなどが追随し、二〇一三年現在、一〇カ国ないし一一カ国の参加希望があるという。

このうちフランスでは、遅々として進まないEUの動きにしびれを切らせて、二〇一二年八月、他国に先駆け自国単独で金融取引税を導入した。課税対象は上場株式、一部のデリバティブ取引であり、買い手に〇・二%の税率で課税している。税収の見込みは五億ユーロである。

G20がIMFに対して金融取引税のようなアイデアに対する報告を求めたことがある。IMFはこれに応じて二〇一〇年に報告書を提出した。その結論を言うと、いろいろな理屈を並べて金融取引税に対して否定的である。

シティズンシップ課税

日本で国外財産調書制度が導入されたことはすでに述べた。この制度の導入に際しては、アメリカのFATCA(外国口座税務コンプライアンス法)が参照されている。

そもそもアメリカの個人所得税制は、シティズンシップ課税をとっており、日本における居住者課税のシステムとは大きく異なる。シティズンシップ課税とは、アメリカ国籍を有する者はアメリカ国内に居住するか国外に居住するかを問わずに、その全世界所得に対して課税されるという仕組みのことである。

他の先進国は、日本を含めて、居住者課税原則である。日本でいえば、日本国籍をもつ者であっても、非居住者であれば所得課税はされない。ハリポタ事件で見たのはこのことである。また、パーマネント・トラベラーの問題もある。税金を納めることを避けるために、どこの国の居住者にもならないように、転々と住居を変更していく者たちである。

グローバル化の進展にともない、税を取り巻く状況も大きく変化してきている。日本の個人所得税制を立て直したいのであれば、シティズンシップ課税を検討することは必須条件であろう。

出国税

出国税という租税が、先進国において導入されるようになっている。出国税と聞くと、空港税のことを思い起こすかも知れないが、それとは異なる。出国税とは、非居住者や国籍離脱者の租税回避を防止するための租税である。国籍離脱は、国際結婚の増加にともなって増えてきている事態である。

出国税では、出国する際に未実現利益課税をする。未実現利益課税とは、含み益について課税することである。

アメリカではシティズンシップ課税方式をとっているが、さらに元シティズンに対する特別の課税方式も設けている。また、国籍離脱者に対する「みなし譲渡益課税」も導入している。カナダ、オーストラリアでは一般的な出国税を設けており、ドイツでは制限的な出国税を設けている。その現状については国際会議で報告されている。日本では細かい規定で出国税に該当するものがあるほか、原則論として、オウブンシャ・ホールディング事件以後、未実現利益を国外に持ち出すことを防止する立法政策をとっている。

新世紀の租税制度の設計

日本の税制に関しては、基幹税として消費税を選ぶか、所得税を選ぶかという問題がある。所得課税がもっとも優れた税制であることは、価値判断としては多数の支持を受けるであろう。公共経済学の分野においても所得税単税論がもっとも優れた財政理論として唱えられた時期もあった。

しかし、所得課税の累進制を強化して所得分配の公平・公正を達成しようとすれば、所得は海を越えて課税当局の手の届かないところに行ってしまう。逃げた税金のツケがどこに回るかは、これまで縷々述べてきたとおりである。そうした本末転倒な状況では、消去法で必然的に、基幹税は消費税ということになる。

原理原則論に従って、あくまで所得税を基幹税にしようというならば、シティズンシップ課税を導入するしかあるまい。ブッシュ減税による富裕層の負担軽減が、第二期オバマ政権で問題となっているが、富裕層への課税が可能なのはシティズンシップ課税があることが大きい。

注意すべきは、人的に出国してしまう以外にも、所得の源泉を国外に移す方法ならいくらでもあることである。タックス・ヘイブンが存在するからである。従来型の租税理論はもはや、現代のグローバル・エコノミーにおいてはそのままでは成り立たない。税制は国際的視野で設計しなければならない時代に入っているのである。この点を無視した租税政策論は空疎である。

国際協力による調査

国際タックス・シェルター情報センター(JITSIC)という国際的組織がある。JITSICは、二〇〇四年にワシントンのIRSの中に設置され、引き続き英国の国税庁であるHMRC(女王陛下の歳入関税庁)の中にロンドン事務所も設置されている。ただし、ロンドンがJITSICの二番目の事務所を開設したことはやや胡散臭い。

二〇一一年版の国税庁レポートによると、「国際的租税回避の解明を目的として日本・アメリカ・カナダ・オーストラリア・イギリス・韓国・中国が参加する国際タックス・シェルター情報センター(JITSIC)では、国際的な租税回避の仕組みやメンバー各国における取組などの情報の共有に努めて」いるとのことである。国税庁は、JITSICのワシントンおよびロンドンのそれぞれのオフィスに人を派遣している。

こうした国際的な組織による調査や情報共有を足がかりに、タックス・ヘイブンやオフショア金融センターを追い詰めていく必要がある。

同様に、税務行政執行共助条約の拡大と有効活用も重要である。

終章　税金は誰のためのものか

税は文明の対価である。
合衆国最高裁判所判事オリバー・ウェンデル・ホームズJr.

タックス・ヘイブンは従来、単純に、ゼロまたは低税率の国・地域であると見られ、租税回避の手段という側面からのみ理解されてきた。そもそも「タックス・ヘイブン」という名前からして、租税回避防止という発想にもとづいている。

しかしながら、タックス・ヘイブン、ないしはオフショア金融センターが世界の経済社会にもたらす害悪を分析していく過程で、タックス・ヘイブンの問題は、単に低税率の問題に止まらないことが認識されるようになってきた。タックス・ヘイブンの真の問題は、その秘密性、情報の不開示にあることが明らかになったためである。

このことは、二〇〇九年、グローバル・フォーラムが作成したタックス・ヘイブン・ブラックリストの注1に明示されているように、現在は諸国家間での共通理解となっている。こうした理解を共有するまでには、リーマン・ショックという痛烈な打撃を経なければならなかった。

世界経済は、一九九〇年代以来、今日に至るまで、連続的な金融・通貨危機に襲われつづけている。これら危機の多くは、タックス・ヘイブンを舞台に、非生産的なマネー・ゲームに狂奔するヘッジ・ファンドその他の投機マネーが引き起こしたものである。その淵源をさかのぼれば、新自由主義の下で規制から解き放たれた人間の強欲(グリード)がある。

自由主義市場経済といえども、決められた土俵の上で決められたルールにもとづいて運営されなくてはならない。とくに、金融は経済の血液である。何ら生産的な要素のないマネー・ゲームの狂騒によって、金融システムに致命的なダメージが与えられるようなことがあってはならない。金融システムの破壊は、それが起きてから修復するのでは時間とコストがかかり過ぎる。そもそも修復が可能である保証もないのである。

しかし、マネーは容易に国境を越え、その先にはタックス・ヘイブンが口を開けて待っている。これでは、事前規制の実はほとんど期待できない。今日のようなグローバル・エコノミーの下では、金融に対する事前的な規制は、もはや一国のみでは達成されず、FSBのような国際的枠組によらざるをえなくなっている。

タックス・ヘイブンは、富裕層や大企業が課税から逃れて負担すべき税金を負担しないことに使われ、犯罪の収益やテロ資金の隠匿や移送に使われ、巨額の投機マネーが繰り広げる狂騒の舞台にも使われている。その結果、一般の善良かつ誠実な納税者は、無用で余分な税負担を強いられ、犯罪やテロの被害者となり、挙げ句の果てにはマネー・ゲームの引き起こす損失や破綻のツケまで支払わされている。

「税は文明の対価である」というならば、税を支払う者には逆に、その対価としての「文明」が引き渡されなくてはならないはずである。ところが、タックス・ヘイブンはそうした「文明」の引き渡しを妨げ、さらには「文明」そのものに災厄をもたらしている。

本書では、タックス・ヘイブンがもたらす「文明」に対する災厄について、なぜそういう災厄が起きるのか、どのようにして起こるのかを解明してきた。原因がわかっているのであれば、解決方法は必ず見つかる。このあと残されているのは、税の対価としての「文明」を受け取る立場にいる一般の納税者が、正しく問題の所在を理解することのみである。本書を刊行する目的は、その一点に尽きる。

あとがき

コロンビアが内戦状態にあったころ、カルタヘナでとある国際会議が開かれた。その一日のことである。昼休み、会場のロビーで談笑していると、突然、大統領の秘書官が現れた。「日本の代表団長は誰か」。そう聞くので「私ですが」と答えると、「これから大統領が貴殿と面会する。一緒に来てくれ」と言う。問答無用で裏口へ連れて行かれると、そこには完全武装の特殊部隊員たちが待っていた。

まるで拉致されるようにして押し込まれたのは、近くの港に停泊する魚雷艇の中であった。筆者たちが乗り込むや、魚雷艇は轟然とエンジンを鳴り響かせ、エメラルド・グリーンのカリブ海を沖に向かって疾走しはじめた。一時間ほどの航海のあと艇を下りると、そこはブーゲンビリヤの花が咲き乱れ、イグアナがたたずみ、カリブの心地よい風が吹き抜ける小さな孤島であった。

その島は大統領の隠れ処であった。案内された応接間に入ると、大統領はソファの上に身を横たえていた。秘書官によると、腹部に受けた銃弾が危険な位置にあって、手術したくてもできないのだという。大統領はその数日前、コカインを資金源とする反政府ゲリラによって銃撃を受けていた。瀕死の重傷らしいという噂は本当だったのだ。

どうやら本来は大統領が日本の代表団に勲章を授与するセレモニーだったらしい。ところが、大統領は自分がなぜいま筆者と会っているのか、皆目わかっていない様子である。大統領は明らかに麻酔で意識が朦朧としており、眼の焦点も定まらず、ぼんやりと筆者に顔を向けるばかりであった。

しかしながら、皆目わからないのは筆者とて同じである。結局、秘書官を通じて何やら勲章らしき物をもらうにはもらったが、それが何の勲章で、どういう理由で筆者に授与されたのかはわからず仕舞いであった。帰りの船の中、秘書官は終始無言で何も説明しなかった。もう一五年も前のことになるが、あの出来事はいったい何だったのか、いまだわからないまま、ただ勲章だけが金融庁のどこかに眠っている。タックス・ヘイブンやマネー・ロンダリングのような国際金融の裏面を見る者は、時としてこういう不可解な出来事に遭遇するのである。

本書の執筆を筆者に勧めてくれたのは、弁護士であり青山学院大学教授の三木義一氏である。「正確な知識と豊富な実体験をもってタックス・ヘイブンの実像を語れる人間は、世界中探しても、あなたの他に誰もいない。マネーに魂を奪われた者たちと戦うためには、市民に事実を知らせることから始めるしかない」。三木氏にそう言われるまで、筆者にはそのような自覚はなかった。新書という一般読者向けの本を書くのは筆者にとって初めてのことであったが、氏のそのひと言に押されて執筆に着手してみようと決意した。

三木氏とはかつて政府税制調査会で共に仕事をした仲であり、これまでも折りにふれてご教示いただいてきた。本書の立案と執筆に際しても、示唆に富むアドバイスを数かず頂戴した。岩波書店の編集者永沼浩一氏には、執筆から校正に至るまでお付き合いいただいた。知識と経験があるということと、それを文字にするということとはまったく別物である。スナイパーとスポッターのコンビネーションさながらに、この小著を完成にまで導いてくださった。

以上のような意味で、本書は三木・永沼・志賀の共著であると言うのが正しいと考えている。したがって、両氏に対する通例の謝辞はここでは記さない。共著者に謝辞を送るはずはないからである。

二〇一三年三月

志賀　櫻

志賀 櫻

1949年東京都生まれ
1970年司法試験合格，1971年東京大学法学部卒業，大蔵省入省．熊本国税局宮崎税務署長，在連合王国日本国大使館参事官，主税局国際租税課長兼OECD租税委員会日本国メンバー，主計局主計官をへて，1993年警察庁へ出向，岐阜県警察本部長，1998年金融監督庁国際担当参事官兼FSF日本国メンバー，特定金融情報管理官兼FATF日本国メンバー，2000年東京税関長，2002年財務省退官，2010-12年政府税制調査会納税環境整備小委員会特別委員
現在―弁護士
著書―『詳解 国際租税法の理論と実務』(民事法研究会，2011)ほか

タックス・ヘイブン
―逃げていく税金　　岩波新書(新赤版)1417

2013年3月19日　第1刷発行
2013年5月24日　第2刷発行

著　者　志《し》賀《が》 櫻《さくら》

発行者　山口昭男

発行所　株式会社 岩波書店
〒101-8002 東京都千代田区一ツ橋2-5-5
案内 03-5210-4000　販売部 03-5210-4111
http://www.iwanami.co.jp/

新書編集部 03-5210-4054
http://www.iwanamishinsho.com/

印刷・精興社　カバー・半七印刷　製本・中永製本

ISBN 978-4-00-431417-2　　Printed in Japan

岩波新書新赤版一〇〇〇点に際して

ひとつの時代が終わったと言われて久しい。だが、その先にいかなる時代を展望するのか、私たちはその輪郭すら描きえていない。二〇世紀から持ち越した課題の多くは、未だ解決の緒を見つけることのできないままであり、二一世紀が新たに招きよせた問題も少なくない。グローバル資本主義の浸透、憎悪の連鎖、暴力の応酬――世界は混沌として深い不安の只中にある。

現代社会においては変化が常態となり、速さと新しさに絶対的な価値が与えられた。消費社会の深化と情報技術の革命は、種々の境界を無くし、人々の生活やコミュニケーションの様式を根底から変容させてきた。ライフスタイルは多様化し、一面では個人の生き方をそれぞれが選びとる時代が始まっている。同時に、新たな格差が生まれ、様々な次元での亀裂や分断が深まっている。社会や歴史に対する意識が揺らぎ、普遍的な理念に対する根本的な懐疑や、現実を変えることへの無力感がひそかに根を張りつつある。そして生きることに誰もが困難を覚える時代が到来している。

しかし、日常生活のそれぞれの場で、自由と民主主義を獲得し実践することを通じて、私たち自身がそうした閉塞を乗り超え、希望の時代の幕開けを告げてゆくことは不可能ではあるまい。そのために、いま求められていること――それは、個と個の間で開かれた対話を積み重ねながら、人間らしく生きることの条件について一人ひとりが粘り強く思考することではないか。その営みの糧となるものが、教養に外ならないと私たちは考える。歴史とは何か、よく生きるとはいかなることか、世界そして人間はどこへ向かうべきなのか――こうした根源的な問いとの格闘が、文化と知の厚みを作り出し、個人と社会を支える基盤としての教養となった。まさにそのような教養への道案内こそ、岩波新書が創刊以来、追求してきたことである。

岩波新書は、日中戦争下の一九三八年一一月に赤版として創刊された。創刊の辞は、道義の精神に則らない日本の行動を憂慮し、批判的精神と良心的行動の欠如を戒めつつ、現代人の現代的教養を刊行の目的とする、と謳っている。以後、青版、黄版、新赤版と装いを改めながら、合計二五〇〇点余りを世に問うてきた。そして、いままた新赤版が一〇〇〇点を迎えたのを機に、人間の理性と良心への信頼を再確認し、それに裏打ちされた文化を培っていく決意を込めて、新しい装丁のもとに再出発したいと思う。一冊一冊から吹き出す新風が一人でも多くの読者の許に届くこと、そして希望ある時代への想像力を豊かにかき立てることを切に願う。

（二〇〇六年四月）

岩波新書より

経済

日本財政 転換の指針　井手英策
日本の税金〔新版〕　三木義一
世界経済図説〔第三版〕　宮崎勇・田谷禎三
日本経済図説〔第三版〕　宮崎勇・本庄真
成熟社会の経済学　小野善康
景気と経済政策　小野善康
平成不況の本質　大瀧雅之
原発のコスト　大島堅一
次世代インターネットの経済学　依田高典
ユーロ 危機の中の統一通貨　田中素香
低炭素経済への道　諸富徹・浅岡美恵
「分かち合い」の経済学　神野直彦
人間回復の経済学　神野直彦
グリーン資本主義　佐和隆光
市場主義の終焉　佐和隆光
消費税をどうするか　小此木潔

国際金融入門〔新版〕　岩田規久男
金融入門〔新版〕　岩田規久男
ビジネス・インサイト　石井淳蔵
ブランド 価値の創造　石井淳蔵
グローバル恐慌　浜矩子
金融商品とどうつき合うか　新保恵志
金融NPO　藤井良広
地域再生の条件　本間義人
経済データの読み方〔新版〕　鈴木正俊
格差社会 何が問題なのか　橘木俊詔
家計からみる日本経済　橘木俊詔
日本の経済格差　橘木俊詔
現代に生きるケインズ　伊東光晴
シュンペーター　伊東光晴・根井雅弘
ケインズ　伊東光晴
事業再生　高木新二郎
経済論戦　川北隆雄
景気とは何だろうか　山家悠紀夫

環境再生と日本経済　三橋規宏
経営者の条件　大沢武志
人民元・ドル・円　田村秀男
世界経済入門〔第三版〕　西川潤
社会的共通資本　宇沢弘文
経済学の考え方　宇沢弘文
経営革命の構造　米倉誠一郎
アメリカの通商政策　佐々木隆雄
戦後の日本経済　橋本寿朗
共生の大地 新しい経済がはじまる　内橋克人
思想としての近代経済学　森嶋通夫

(2013. 2)　(C)

岩波新書/最新刊から

1416
WTO 貿易自由化を超えて 中川淳司著
岐路に立つWTO。TPPとの違いとは？その変化は私達の暮らしにどう影響するのか。その誕生から現在までを一冊で読み解く。

1417
タックス・ヘイブン ―逃げていく税金― 志賀櫻著
マネーの亡者が群れ蠢く、富を吸い込むブラックホール。その知られざる実態を解明し、生活と経済へ及ぼす害悪に警鐘を鳴らす。

1418
まち再生の術語集 延藤安弘著
孤立、過疎、高齢化、被災…現代のまちが直面するトラブルを再生のドラマに変えるには？ どこからでも読めるキイワード集。

1419
ことばの力学 ―応用言語学への招待― 白井恭弘著
ことばは知らない間に人間の行動を左右する。問題を科学的に解決するための「応用言語学」の最新研究から、幅広い話題を紹介。

1420
実践 日本人の英語 マーク・ピーターセン著
「お一人ですか？」を英語にすると？ 簡単な日本語ほど落し穴が一杯。ベストセラー『日本人の英語』に、待望の「実践」篇登場！

1421
加藤周一 ―二十世紀を問う― 海老坂武著
言葉を愛した人・加藤周一の生涯をたどりつつ、我々の未来への歩みを支える力強い杖として、今ひとたびその言葉を読み直す。

1422
人類哲学序説 梅原猛著
原発事故という文明災を経て、近代合理主義・人間中心主義が切り捨てたものを吟味、新たな可能性を日本の思想のなかに見出す。

1423
新・現代アフリカ入門 ―人々が変える大陸― 勝俣誠著
独立以来半世紀、なぜ依然混乱が続くのか。欧米日による資源奪い合いの構造を浮き彫りにし、新興国とのかかわりの実情に迫る。

(2013.5)